곤충 대장
딱정벌레

곤충 대장 딱정벌레

글 **김종현** × 그림 **옥영관** × 감수 **강태화**

보리

차례

딱정벌레 이모저모 7

- 갑옷을 입은 딱정벌레 8
- 이게 다 딱정벌레야 9
- 딱정벌레 넌 어떻게 생겼니? 10
- 딱정벌레는 저마다 생김새가 달라 11
- 딱정벌레는 무엇을 먹고 살까? 12
- 딱정벌레는 어디에서 살까? 13

여러 가지 딱정벌레 무리 15

- 길을 앞장서는 **길앞잡이 무리** 16
- 먼지 나게 돌아다니는 **먼지벌레 무리** 18
- 몸집이 큰 **딱정벌레 무리** 20
- 꽃에 날아오는 **꽃무지 무리** 22
- 코뿔소를 닮은 **장수풍뎅이 무리** 25
- 몸이 통통한 **풍뎅이 무리** 26
- 풍뎅이와 닮은 **검정풍뎅이 무리** 28
- 큰턱이 커다란 **사슴벌레 무리** 30
- 알록달록 무늬가 있는 **무당벌레 무리** 36
- 기다란 더듬이 휙휙 휘두르는 **하늘소 무리** 42
- 똥을 먹어 치우는 **소똥구리와 똥풍뎅이, 금풍뎅이 무리** 48
- 죽은 동물을 먹어 치우는 **송장벌레와 송장풍뎅이 무리** 52
- 물속을 헤집고 다니는 **물방개와 물땡땡이 무리** 54
- 물낯을 뱅글뱅글 도는 **물맴이 무리** 57
- 물속에 사는 **물진드기와 물삿갓벌레, 여울벌레, 진흙벌레, 알꽃벼룩 무리** 58
- 주둥이가 길쭉한 **바구미 무리** 60
- 거위처럼 목이 기다란 **거위벌레 무리** 64
- 잎을 갉아 먹는 **잎벌레 무리** 66
- 꽁무니에서 빛이 나는 **반딧불이 무리** 72
- 공중제비를 도는 **방아벌레 무리** 74
- 비단처럼 고운 **비단벌레 무리** 76
- 아주 센 독이 있는 **가뢰 무리** 78
- 가뢰처럼 독을 품은 **홍반디 무리** 80
- 홍반디를 닮은 **홍날개 무리** 81
- 날개가 반밖에 없는 **반날개 무리** 82
- 이것저것 잘 갉아 먹는 **나무좀, 수시렁이, 표본벌레, 쌀도적 무리** 83

딱정벌레 이모저모

갑옷을 입은 딱정벌레

지구에 사는 동물 가운데 수가 가장 많은 것이 곤충이야.
그러면 곤충 가운데 가장 많은 것은 어떤 곤충 무리일까?
바로 딱정벌레야.
곤충은 모두 100만에서 200만 종쯤 되는데 그 가운데 딱정벌레는 38만 종쯤 된대.
같은 딱정벌레라도 워낙 종류가 여러 가지라 저마다 생김새도 다르고,
사는 모습도 다르고, 사는 곳도 달라.

이제부터 이렇게 많은 딱정벌레에 누가 누가 있나 알아볼 거야.

안녕!
나는 사슴풍뎅이야.
앞으로 나와
내 친구들을 만날 거야.

이게 다 딱정벌레야

딱정벌레는 생김새가 저마다 달라. 몸 빛깔도 다르고, 무늬도 다르고, 크기도 다르지. 이렇게 다 다르니 헷갈리지? 그래서 생김새가 닮은 딱정벌레끼리 모아 한 무리로 묶었어. 이렇게 무리끼리 나누는 일을 '분류'라고 해.

딱정벌레 넌 어떻게 생겼니?

딱정벌레도 여느 곤충처럼 몸이 마디마디로 나뉘었어.
머리에는 겹눈과 더듬이, 입이 있어. 가슴은 앞가슴과 가운데가슴, 뒷가슴으로 나뉘어.
위에서 보면 딱지날개 때문에 가운데가슴과 뒷가슴은 안 보여. 배도 밑에서만 보이지.
딱딱한 딱지날개는 '두텁날개'라고도 해. 딱지날개 밑에는 잠자리 날개처럼 투명하고
보드라운 날개가 두 장 붙어 있지. 딱정벌레라는 이름은 바로 이 딱지날개 때문에 붙은 이름이야.

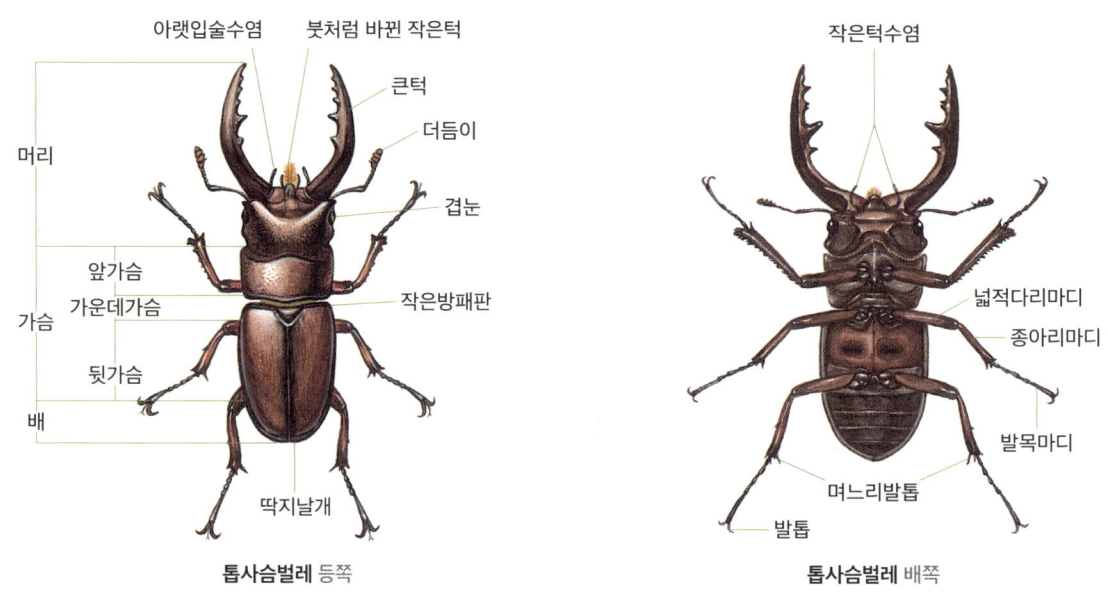

딱정벌레 더듬이

딱정벌레는 더듬이 한 쌍을 가지고 있어. 이 더듬이로 냄새를 맡고 맛을 봐.
또 추운지 더운지도 알 수 있고, 축축한지 메마른지도 알아. 더듬이는 딱정벌레마다 생김새가 달라.

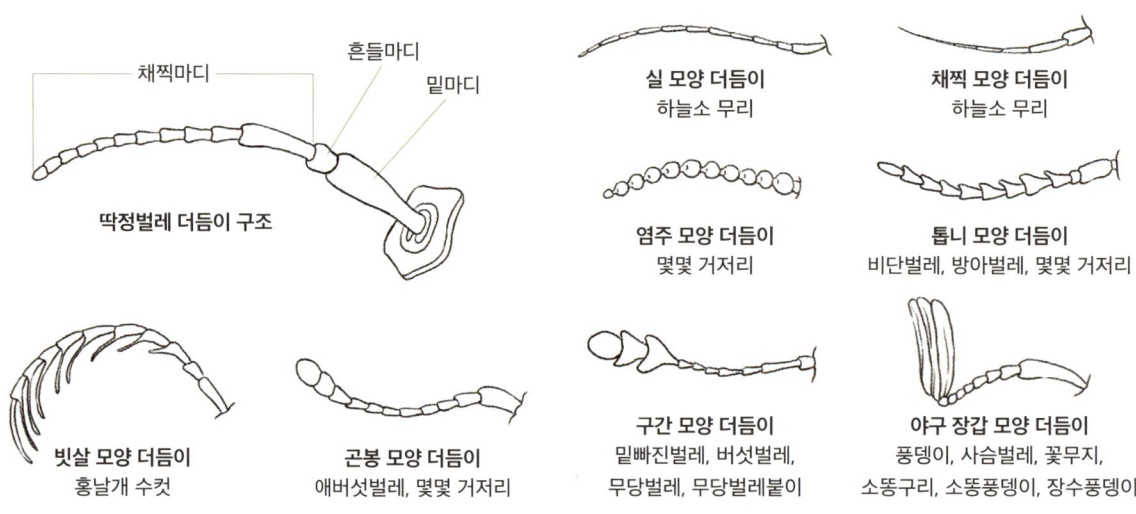

딱정벌레는 저마다 생김새가 달라

몸 크기

딱정벌레는 몸 크기가 저마다 달라.
쌀 한 톨보다 작은 쌀바구미가 있는가 하면,
어른 손바닥만 한 장수하늘소도 있어.

쌀바구미
2~3mm

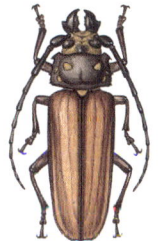
장수하늘소
100~120mm

몸 빛깔

몸 빛깔도 여러 가지야.
몸에 알록달록 무늬가 있는
딱정벌레도 많아.

달무리무당벌레

상아잎벌레

긴알락꽃하늘소

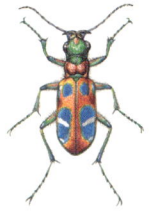
길앞잡이

머리 생김새

머리 생김새도 저마다 달라.
톱사슴벌레처럼 큰턱을 가진 딱정벌레도 있고,
장수풍뎅이처럼 머리에 커다란 뿔이 솟기도 해.
왕거위벌레는 거위처럼 머리가 길쭉하지.
바구미는 주둥이가 코끼리 코처럼 길어.

왕거위벌레

도토리밤바구미

톱사슴벌레

장수풍뎅이

더듬이

더듬이가 아주 짧은 무당벌레도 있고,
아주 길쭉한 하늘소도 있어.
수염홍반디는 더듬이가 빗살처럼 생겼고,
왕풍뎅이는 더듬이가 부채처럼 활짝 펼쳐져.
바구미는 기다란 주둥이 가운데에서
더듬이가 나와 'ㄴ' 자처럼 꺾여.

알락하늘소

수염홍반디

왕풍뎅이

밤바구미

다리 생김새

사슴풍뎅이는 앞다리가 아주 길고,
왕소똥구리는 앞다리가 삽처럼 넓적해.
물방개는 뒷다리에 억센 털이 나 있어.
이 뒷다리를 노처럼 저어 헤엄치지.

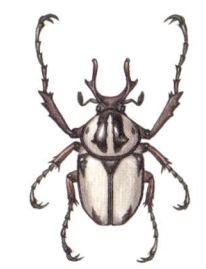
사슴풍뎅이

왕소똥구리

물방개

딱정벌레는 무엇을 먹고 살까?

딱정벌레는 저마다 입맛이 달라. 이것저것 안 가리고 잘 먹는 딱정벌레가 있는가 하면, 꼭 풀이나 나무만 먹는 딱정벌레도 있고, 다른 동물을 잡아먹는 딱정벌레도 있어. 또 똥이나 죽은 동물을 먹어 치우는 딱정벌레도 있고, 균을 먹는 딱정벌레도 있어. 나뭇진을 핥아 먹는 딱정벌레도 있지. 애벌레와 어른벌레가 같은 먹이를 먹기도 하고, 서로 다른 먹이를 먹기도 해. 잎벌레 무리는 애벌레와 어른벌레 모두 식물 잎을 갉아 먹고, 반딧불이 무리 애벌레는 다른 벌레를 잡아먹는데, 어른벌레는 이슬만 먹고 살아.

버들잎벌레
버들잎을 갉아 먹어.

긴다리소똥구리
소가 싼 똥을 먹어.

쌀바구미
쌀알을 갉아 먹어.

붉은산꽃하늘소
꽃가루와 꽃잎을 먹어.

장수풍뎅이
나뭇진을 핥아 먹어.

길앞잡이
다른 곤충이나 애벌레를 잡아먹어.

광릉긴나무좀
나무 속에 들어가 파먹어.

송장벌레
죽은 동물을 뜯어 먹어.

늦반딧불이
이슬만 먹고 살아.

긴다리소똥구리가 똥을 둥그렇게 빚은 뒤에 뒷다리로 굴려 집으로 가져가고 있어.

딱정벌레는 어디에서 살까?

딱정벌레는 바다와 남극을 뺀 모든 곳에서 살아.
딱정벌레는 숲속, 길가, 풀밭, 모래밭, 땅, 흙 속, 물속, 나무 속뿐만 아니라
우리가 사는 집에서도 볼 수 있어.

팥바구미
사람들이 집이나 창고에
갈무리해 놓은
팥을 갉아 먹어.

모래거저리
강가나 바닷가
모래밭에서 살아.

애반딧불이
물가에서 살아.

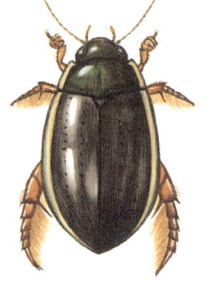

물방개
물속을 헤엄쳐
다니며 살아.

풀색꽃무지
산과 들에 피는 온갖 꽃에서
볼 수 있어.

폭탄먼지벌레
땅 위를 어슬렁어슬렁
돌아다니며 살아.

무당벌레
밭에서 많이 볼 수 있어.

풀색꽃무지가 쥐똥나무 꽃에 앉아
꽃가루를 먹고 있어.

여러 가지
딱정벌레 무리

길을 앞장서는 길앞잡이 무리

길앞잡이? 이름이 참 이상하지? 길앞잡이는 말 그대로 길을 앞장서서 간다는 뜻이야.
길앞잡이는 길 위에 앉아 있다가 사람이 가까이 다가오면 푸르르 날아서 저 앞에 앉아.
사람이 또 다가가면 또 날아가 저만치 앞에 앉지.
이 모습이 꼭 길을 알려 주는 것 같아서 붙은 이름이야.
하지만 사실은 사람을 피해서 달아나는 거야.

길앞잡이가 어디선가 날아와 앉더니
사람을 피해 도망가고 있어.

길앞잡이는 얼마나 재빠른지 몰라.
너무 빨리 달리는 바람에 먹잇감을 눈에서 놓치기 일쑤래.
그러면 딱 멈춰서 이리저리 두리번거리며 먹잇감이 어디 있나 다시 찾아.

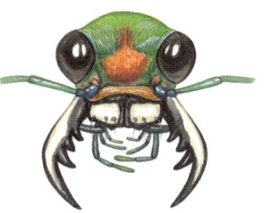

길앞잡이는 큰턱이
아주 크고 날카로워.
사람 손가락도 깨물어.

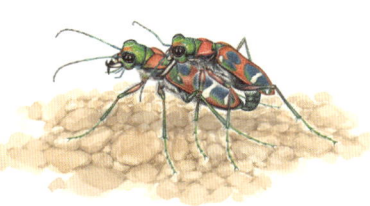

길앞잡이　　**참뜰길앞잡이**

길앞잡이와 참뜰길앞잡이가 애벌레를 잡았어.
길앞잡이는 아주 재빠르게 땅 위를 돌아다니며 먹이를 잡아.

길앞잡이 수컷이
암컷 등에 올라타서
짝짓기를 하고 있어.

길앞잡이 애벌레는 땅속에서 살아. 땅속으로 곧게 굴을 파고
그 안에 들어가서 어른벌레가 될 때까지 꼿꼿하게 하늘을 바라보고 서서 살아.

길앞잡이 애벌레는 머리를 굴 뚜껑 삼아 숨어 있어.
그러다가 개미 같은 작은 벌레가 굴 위를 지나가면 재빨리 튀어나와서 잡아먹어.

길앞잡이 애벌레 　　　**길앞잡이류** 애벌레　　등에 난 돌기

길앞잡이 애벌레 등에는 뾰족한 돌기가 있어. 이 돌기를 굴 벽에 걸고 딱 붙어 있는 거야.
그래서 밖에서 끌어당겨도 잘 끌려 나오지 않아.

길앞잡이는 우리나라에 16종쯤 살아.

산길에서 사는 무리
길앞잡이　　산길앞잡이　　아이누길앞잡이

물가에서 사는 무리
개야길앞잡이　　쇠길앞잡이　　참뜰길앞잡이　　강변길앞잡이

바닷가 모래밭이나 섬에서 사는 무리
닻무늬길앞잡이　　흰테길앞잡이　　무녀길앞잡이　　큰무늬길앞잡이　　꼬마길앞잡이

먼지 나게 돌아다니는 먼지벌레 무리

먼지벌레라는 이름이 재미있지?
먼지처럼 작다고 먼지벌레일까? 먼지처럼 가볍다고 먼지벌레일까?
아니야. 땅에 먼지가 날 만큼 이리저리 잘 기어다닌다고 먼지벌레야.

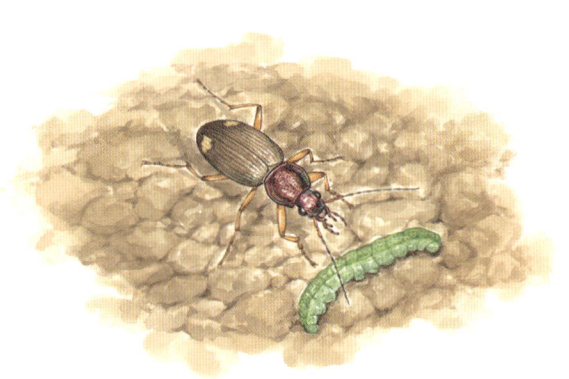

노랑무늬먼지벌레가 밤에 나와
어슬렁거리며 먹이를 찾고 있어.

큰조롱박먼지벌레는 바닷가 모래밭에서 살아.
위험을 느끼자 더듬이와 다리를 오그리고 큰턱을 쫙 벌리고 있어.

먼지벌레류 애벌레야.
애벌레도 어른벌레처럼 큰턱이 있어서
작은 벌레 따위를 잡아먹어.

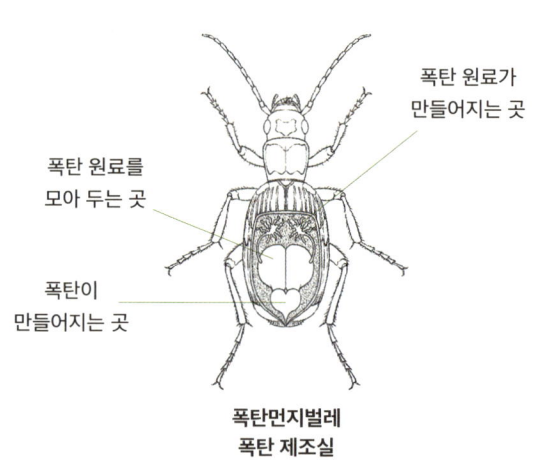

**폭탄먼지벌레
폭탄 제조실**

폭탄먼지벌레는 먼지벌레 가운데 가장 잘 알려진 딱정벌레야. 이름처럼 꽁무니에서 '퍽' 소리를 내며 방귀 폭탄을 터뜨려.
이 방귀 폭탄은 아주 뜨거워서 폭탄먼지벌레를 건드린 동물들은 혼쭐이 나지. 폭탄먼지벌레는 그 틈을 타 얼른 도망친대.
폭탄먼지벌레를 잡을 때는 조심해야 해. 방귀 폭탄에 맞으면 화상을 입을 수 있거든.

먼지벌레는 우리나라에 400종이 넘게 살아. 아직까지 이름이 없는 먼지벌레도 많아.
몸빛이 까맣고 생김새가 다 엇비슷한 먼지벌레가 많아서 헷갈려.
먼지벌레는 산이나 들판, 밭, 바닷가 모래밭에서도 볼 수 있어.
땅 위를 이리저리 돌아다니면서 작은 동물을 잡아먹지.

몸집이 큰 딱정벌레 무리

수많은 딱정벌레 가운데 딱정벌레 무리가 또 따로 있어.
딱정벌레 무리는 몸집이 크고 몸 빛깔도 화려해.
그런데 명주딱정벌레 종류를 뺀 다른 딱정벌레들은 뒷날개가 없어서 날지를 못해.
그 대신 땅 위를 잘 돌아다니며 날카로운 큰턱으로 작은 벌레나
애벌레, 달팽이, 지렁이 따위를 잡아먹어.

홍단딱정벌레가 나무 위에 기어올라
나방 애벌레를 잡아먹고 있어.

애딱정벌레가 땅 위를 돌아다니며 먹이를 찾고 있어.
낮에는 돌 틈이나 가랑잎 더미 속에 숨어 있다가
밤에 나와 돌아다니며 작은 벌레나 지렁이,
달팽이 따위를 잡아먹어.

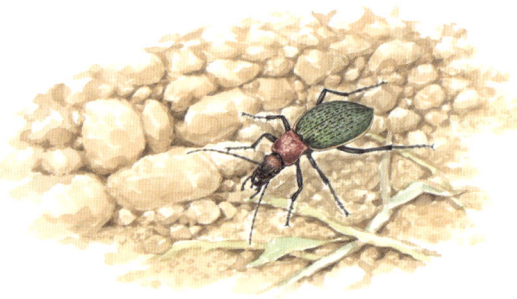

멋쟁이딱정벌레가 밭 둘레를 어슬렁거리며 먹이를 찾고 있어.
낮에는 숨어 있다가 밤에 나와.
이리저리 재빠르게 돌아다니면서 작은 벌레나
거미, 달팽이, 지렁이 따위를 잡아먹어.
날이 추워지면 돌 밑이나 썩은 나무 속에 들어가 겨울을 나.

더듬이

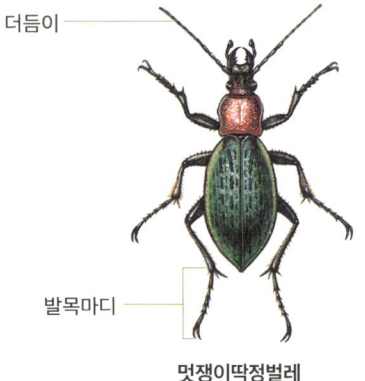

발목마디

멋쟁이딱정벌레

딱정벌레 무리는 더듬이가 10~11마디야.
턱은 아주 크고 날카로워. 발목마디는 5마디로 되어 있어.
딱지날개에는 여러 가지 돌기나 줄, 홈이 나 있어.

딱정벌레 무리는 우리나라에 50종쯤 살아. 모두 산에서 볼 수 있고, 들판이나 밭 둘레에서도 보여. 거의 밤에 나와 돌아다니지.

꽃에 날아오는 꽃무지 무리

오동통한 몸매로 꽃 위에 앉아 있는 꽃무지 본 적 있어?
늘 꽃에 파묻혀 있어서 꽃무지라는 이름이 붙었어. 한 꽃에 오래도록 앉아 꽃가루를 먹지.
꽃무지는 우리 둘레에서 쉽게 볼 수 있어. 꽃무지는 낮에 나와 돌아다녀.
그러니 꽃이 핀 곳을 잘 보면 꽃무지를 볼 수 있을 거야.
몸집이 커서 눈에 잘 띄고, 몸이 무거워서 재빠르지 않으니 오래도록 지켜볼 수 있어.
꽃무지는 성질도 순하고 몸에 독도 없고 사람을 쏘거나 깨물지도 않아.
하지만 꽃무지 무리가 나는 모습을 언뜻 보면 꼭 벌을 닮았어.
호랑꽃무지는 생김새까지 뒤영벌이란 벌 생김새를 흉내 냈지. 자기 몸을 지키려고 그런 거야.

풀색꽃무지가 쥐똥나무 꽃에 앉아
꽃가루를 먹고 있어.

풀색꽃무지는 하늘을 향해 핀 꽃을 좋아해.
앉아 있기가 좋거든.

꽃무지 애벌레는 땅속에 살면서
썩은 가랑잎이나 나무 부스러기를 먹고 살아.
그래서 옛날 초가지붕에도 많이 살았어.
늘 통통한 몸을 동그랗게 말고 있어.

흰점박이꽃무지는 둘레에 있는
지푸라기나 부스러기를 모아
번데기 방을 만들고 그 속에서 번데기가 돼.

사슴풍뎅이는 위험을 느끼면
기다란 앞다리를 쫙 벌리고 번쩍 들어 올려.
그러면 마치 만세를 부르는 것 같아.
사슴풍뎅이는 이름이 풍뎅이지만
꽃무지 무리에 드는 딱정벌레야.

사슴풍뎅이 수컷끼리 암컷을 두고 싸우고 있어.
기다란 앞다리를 들어 올리고
사슴뿔처럼 생긴 뿔로 들이받아.

사슴풍뎅이 몸은 하얀 가루로 덮여 있어.
늙은 사슴풍뎅이는 이 가루가 벗겨져서
몸빛이 어두워져.

사슴풍뎅이 암컷이 알을 낳으러 가랑잎 속으로 들어가려고 해.
사슴풍뎅이 암컷은 수컷과 달리 뿔이 없고 앞다리도 짧아.
몸에 하얀 가루도 덮여 있지 않아서 몸빛이 누레.

꽃무지 무리

꽃무지 무리는 우리나라에 20종쯤 살아.
등과 딱지날개에 하얀 무늬가 흩어져 있는 꽃무지가 많아.
이 하얀 무늬가 꽃 위에 앉았을 때 몸을 지켜 주는 보호색 역할을 한대.

코뿔소를 닮은 장수풍뎅이 무리

코뿔소를 닮은 딱정벌레가 있어. 바로 장수풍뎅이야.
장수풍뎅이는 코뿔소처럼 머리에 큰 뿔이 달려 있어. 앞가슴등판에도 자그마한 뿔이 있지.
몸집도 커다래서 우리나라에 사는 풍뎅이 가운데 가장 커.
장수풍뎅이는 온 나라 넓은잎나무 숲에서 볼 수 있어.

장수풍뎅이 수컷끼리 싸움이 났어. 나뭇진이 나오는 곳에서
서로 좋은 자리를 차지하려고 싸우는 거야.
커다란 뿔로 서로 치받으면서 싸워.
싸움에서 이긴 수컷이 나뭇진을 먹으러 온 암컷과 짝짓기해.

장수풍뎅이 종령 애벌레야. 몸이 둥그렇게 굽었어.
애벌레는 땅속에 들어가 썩은 가랑잎이나
나무 부스러기를 먹고 살아. 애벌레로 일 년쯤 산대.
풍뎅이 무리 애벌레는 모두 '굼벵이'라고도 해.

사슴풍뎅이
장수말벌
고려나무쑤시기
장수풍뎅이

장수풍뎅이는 해가 지면
참나무에 모여들어 나뭇진을 핥아 먹어.
몸집이 커서 날개를 펼치고 날 때
'부르르릉' 하고 시끄러운 소리가 나.
장수풍뎅이는 7~8월 밤에 볼 수 있어.
사슴풍뎅이는 5~6월쯤 낮에 보여.

외뿔장수풍뎅이

둥글장수풍뎅이

암컷

수컷

장수풍뎅이

몸이 통통한 풍뎅이 무리

풍뎅이는 어디서나 제법 많이 볼 수 있어. 하지만 생김새가 비슷비슷해서 헷갈려.
또 풍뎅이는 꽃무지와 생김새가 많이 닮았는데, 날개 펴는 방법이 달라.
풍뎅이는 딱지날개를 활짝 들고 뒷날개를 펼치고 날아.
그런데 풀색꽃무지, 검정꽃무지, 흰점박이꽃무지, 풍이 같은 몇몇 꽃무지는
딱지날개를 들어 올리지 않고 옆으로 얇은 뒷날개가 삐져나와 날아가.

연노랑풍뎅이가
개망초 꽃을 갉아 먹고 있어.

금줄풍뎅이가
딱지날개를 들어 올리고
속날개를 펼쳐 날아가려고 해.

점박이긴다리풍뎅이는 온몸이 노래서
멀리서 보면 꽃술과 헷갈려.

풍뎅이 여러 마리가
해당화에 붙어 잎을 갉아 먹고 있어.

참콩풍뎅이 수컷이 짝짓기하려고
암컷 등에 올라가려 하고 있어.

풍뎅이 무리는 우리나라에 35종쯤 살아.
낮은 산이나 들판에 사는데 과일나무나 마당에 심은 나무에도 날아와.
어른벌레는 나뭇잎이나 꽃을 갉아 먹고, 애벌레는 땅속에서 뿌리를 갉아 먹으며 자라.

풍뎅이와 닮은 검정풍뎅이 무리

검정풍뎅이 무리는 우리나라에 54종이 살아.
생김새나 사는 모습은 풍뎅이와 비슷해. 몸빛은 거의 누렇거나 거무스름해.
산과 들에 살면서 어른벌레는 여러 가지 식물 잎을 갉아 먹고,
애벌레는 땅속에서 식물 뿌리를 갉아 먹지.

빨간색우단풍뎅이가
나뭇잎 위에서 짝짓기하고 있어.

왕풍뎅이가 날아가려고
날개를 펼치고 있어.

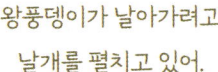

왕풍뎅이 수컷 더듬이는
야구 장갑처럼 생겼어.
부채처럼 접고 있다가 활짝 펼칠 수 있어.

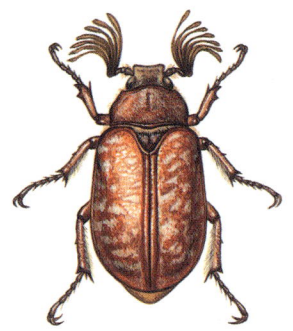

수염풍뎅이 수컷

수염풍뎅이는 검정풍뎅이 무리 가운데 몸집이 가장 커.
1950년까지만 해도 많이 볼 수 있었는데,
지금은 거의 사라져서 멸종될 위기래.
강가나 바닷가 모래밭에 많이 살았어.

수염풍뎅이 애벌레도 모래밭 속에서 살아.
땅속에 살아서 다리도 자그맣고,
옆구리에 빨간 점 같은 숨구멍이 있어.

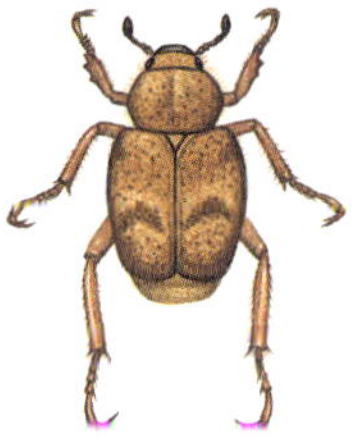

주황긴다리풍뎅이	 점박이긴다리풍뎅이	 감자풍뎅이	할더맨홍다색쑹뎅이	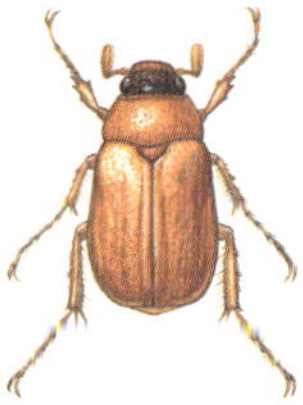 고려노랑풍뎅이
 하이덴갈색줄풍뎅이	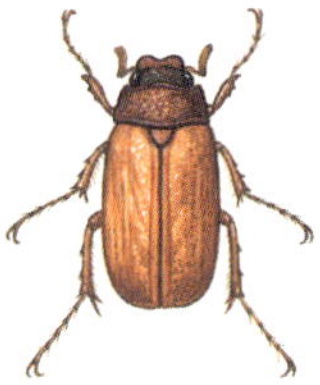 황갈색줄풍뎅이	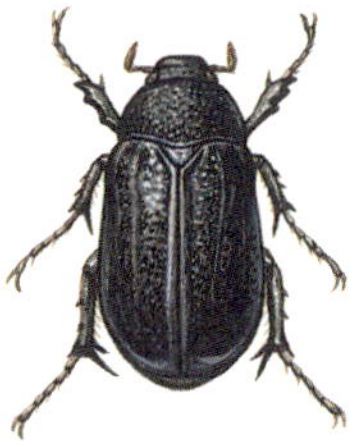 참검정풍뎅이	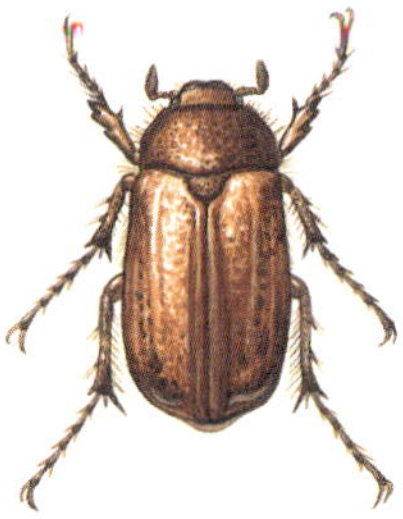 고려다색풍뎅이	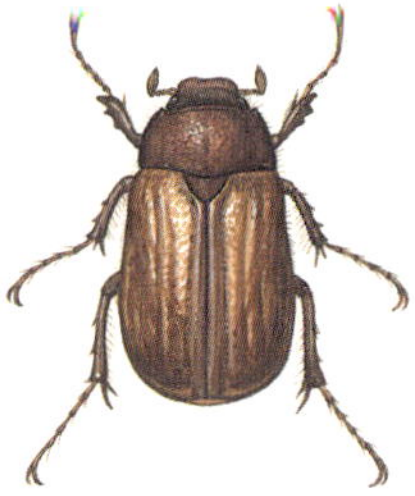 큰다색풍뎅이
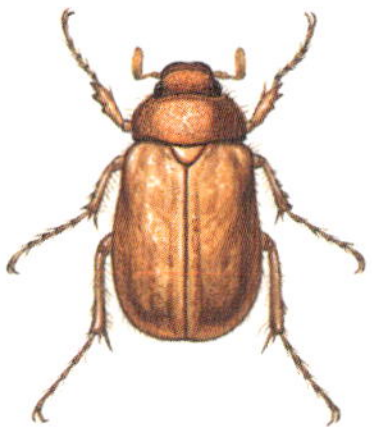 긴다색풍뎅이	 흑다색우단풍뎅이	 큰검정풍뎅이	 꼬마검정풍뎅이	 줄우단풍뎅이
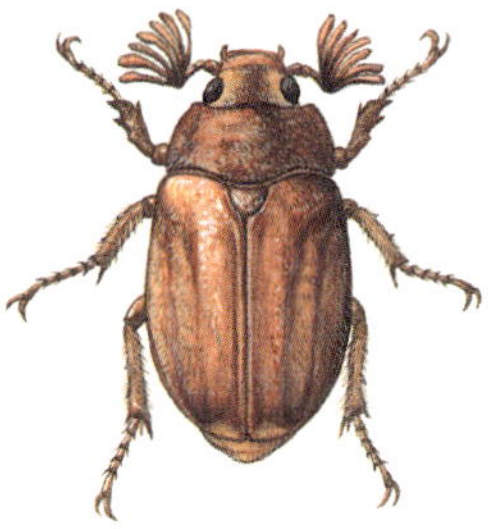 왕풍뎅이	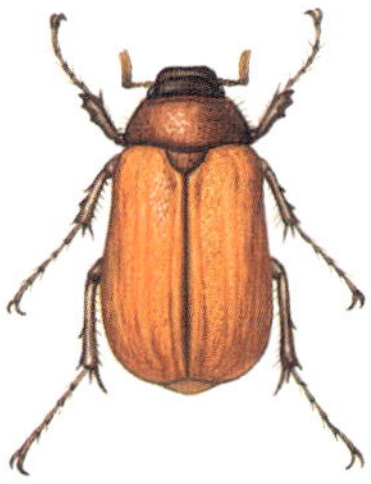 쌍색풍뎅이	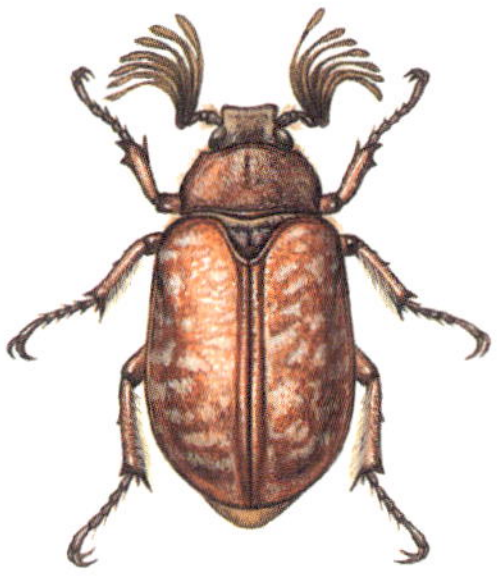 수염풍뎅이	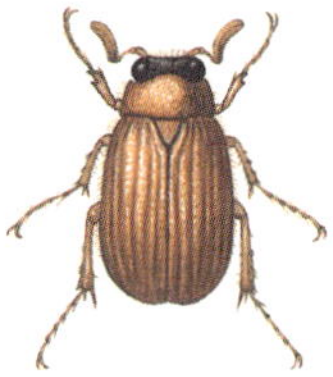 갈색우단풍뎅이	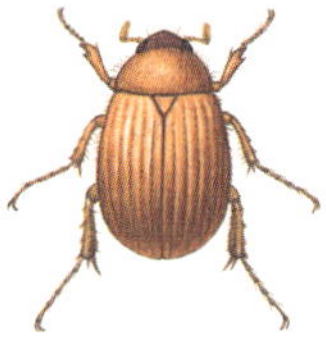 금색우단풍뎅이
 알모양우단풍뎅이	 부산우단풍뎅이	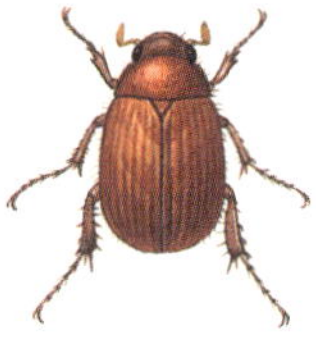 빨간색우단풍뎅이		

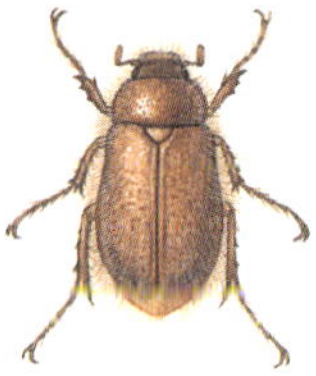

검정풍뎅이 무리

큰턱이 커다란 사슴벌레 무리

딱정벌레 가운데 가장 멋진 딱정벌레는 누굴까?
저마다 다르겠지만 멋진 큰턱을 가진 사슴벌레는 한번 보면 잊지 못해.
사슴벌레 무리는 우리나라에 16종쯤 살아.
그 가운데 넓적사슴벌레, 애사슴벌레, 톱사슴벌레는 숲에서 흔히 볼 수 있어.
낮에는 숨어 있다가 밤에 나와 나뭇진을 핥아 먹지.
그러니 사슴벌레를 보려면 어둑어둑할 때 참나무나 느티나무를 찾아보면 돼.

톱사슴벌레 수컷

수컷은 큰턱이 아주 커. 안쪽에는 돌기가 이빨처럼 나 있어.
더듬이는 나뭇진을 핥아 먹기 위해 'ㄴ' 자처럼 구부러졌어.
발목마디는 5마디야. 마지막 마디가 가장 길어.

톱사슴벌레 암컷

톱사슴벌레 암컷은 수컷과 달리 큰턱이 작아.
암컷과 수컷 생김새가 달라서
다른 딱정벌레인 줄 알지.

톱사슴벌레 수컷 배쪽

사슴벌레는 주로 나무에 흐르는 나뭇진이나 새순을 씹어서 나오는 즙을 먹어.
사슴벌레는 생김새와 달리 순해. 하지만 큰턱에 물리면 아주 아프니까 조심해야 해.

홍다리사슴벌레

홍다리사슴벌레가 오리나무 가지에
상처를 내고 즙을 핥아 먹고 있어.

넓적사슴벌레

톱사슴벌레

넓적사슴벌레

넓적사슴벌레가 위험을 느끼자
큰턱을 쩍 벌리며 화를 내고 있어.
큰턱은 다른 수컷과 싸울 때 쓰고,
먹이를 잡거나 씹지는 못해.

넓적사슴벌레와 톱사슴벌레는 밤에 나와
참나무에서 흐르는 나뭇진을 핥아 먹어.
이 둘은 다른 딱정벌레와 달리 나뭇진을 핥아 먹기 위해
작은턱이 붓처럼 바뀌었어.

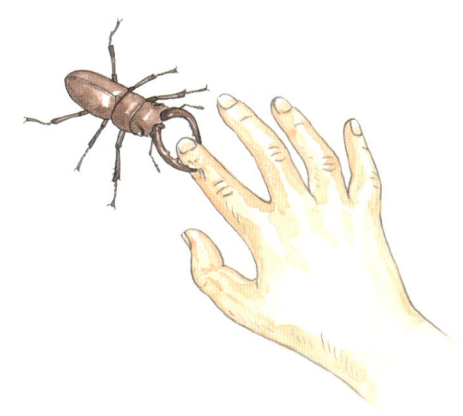

나뭇진을 먹으려고 암컷과 수컷이 모일 때
암컷과 짝짓기를 하려고 수컷끼리 서로 싸워.
큰턱으로 서로를 밀어내거나 들어 올리거나
집어 던지거나 쳐서 떨어뜨리기도 해.

톱사슴벌레 큰턱에
손가락이 물리면 아주 아파.

사슴벌레 한살이

사슴벌레는 짝짓기를 하고 나면 썩은 나무 속이나 가랑잎이 수북하게 쌓인 땅속에 알을 낳아. 알에서 깨어난 사슴벌레 애벌레는 나무 속을 갉아 먹으면서 크지.
애벌레는 허물을 세 번 벗고 커. 애벌레가 다 크면 번데기 방을 만들고 그 속에서 번데기가 돼. 3~5주쯤 지나면 날개돋이해서 어른벌레가 돼. 알에서 어른벌레가 되기까지 한두 해가 걸려. 겨울이 되면 땅속이나 썩은 나무 속에서 어른벌레나 애벌레로 겨울을 나.

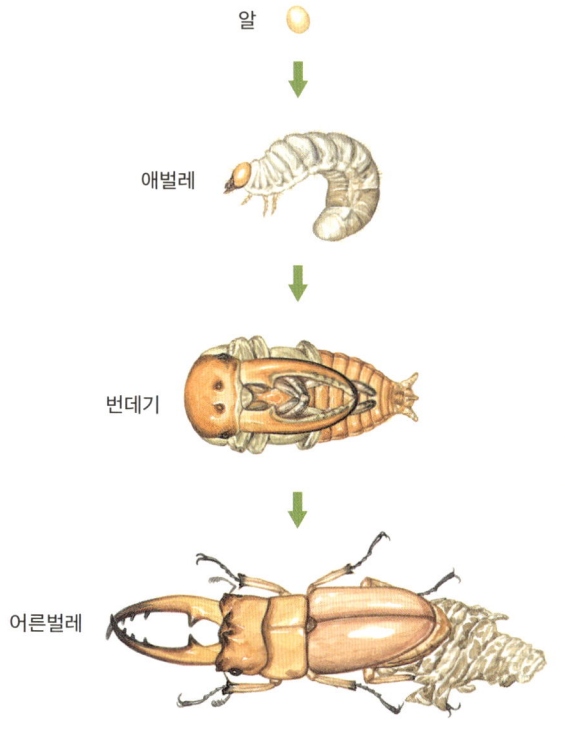

두점박이사슴벌레가 알에서 어른벌레가 되는 모습이야.
짝짓기를 마친 암컷은 썩은 참나무나 뽕나무, 팽나무 같은 나무 속에 알을 낳아.
거기서 애벌레는 허물을 몇 번 벗고 자라다가 나무껍질 속에서 겨울을 나.
가을에 어른벌레가 되어 겨울을 나기도 해.

톱사슴벌레가 짝짓기를 하고 있어. 짝짓기를 마친 암컷은 썩은 나무둥치 밑을 파고 알을 하나씩 낳아. 이 주일쯤 지나면 알에서 애벌레가 나와. 애벌레는 썩은 나무 속을 파먹으며 허물을 세 번 벗고 커. 알에서 어른벌레가 되기까지 두세 해가 걸린대.

1령   2령 처음 모습   3령 나중 모습

곤충애벌레는 허물을 벗으면서 커. 애벌레는 허물을 안 벗을 때마다 몸집이 커져. 이렇게 허물을 벗고 클 때마다 '령'이라고 해. 1령은 허물을 한 번 벗은 애벌레야.

꼬마넓적사슴벌레 애벌레 모습이야. 맨 앞에 있는 애벌레는 2령 애벌레야. 그다음은 3령 애벌레 처음과 나중 모습이야.

1령   2령   3령

왕사슴벌레 애벌레가 나무 속을 파먹고 있어. 굴속에는 애벌레가 싼 똥도 쌓여 있어.

왼쪽부터 큰꼬마사슴벌레 1, 2, 3령 애벌레야. 큰꼬마사슴벌레는 다른 딱정벌레와 달리 어른벌레가 애벌레를 돌봐. 어른벌레가 나무를 뜯어 톱밥을 만들어서 애벌레를 먹인대. 어른벌레는 다른 사슴벌레와 달리 작은 곤충이나 달팽이, 죽은 동물 따위를 잡아먹고 살아.

나무 속에 있는 털보왕사슴벌레 번데기야. 번데기에서 벌써 어른벌레 모습이 보여.

애사슴벌레가 나무 속에서 날개돋이한 뒤에 그대로 겨울을 났어.

사슴벌레 무리는 온 세계에 천 종쯤 살아. 사슴벌레는 대부분 몸집이 커서
넓적사슴벌레 수컷은 9센티미터 가까이 자라기도 해.
홍다리사슴벌레나 넓적사슴벌레, 애사슴벌레 어른벌레는 한두 해를 살고,
왕사슴벌레 어른벌레는 두세 해를 살아.
사슴벌레나 다우리아사슴벌레, 톱사슴벌레 어른벌레는 여름에 잠깐 살다가 죽는대.

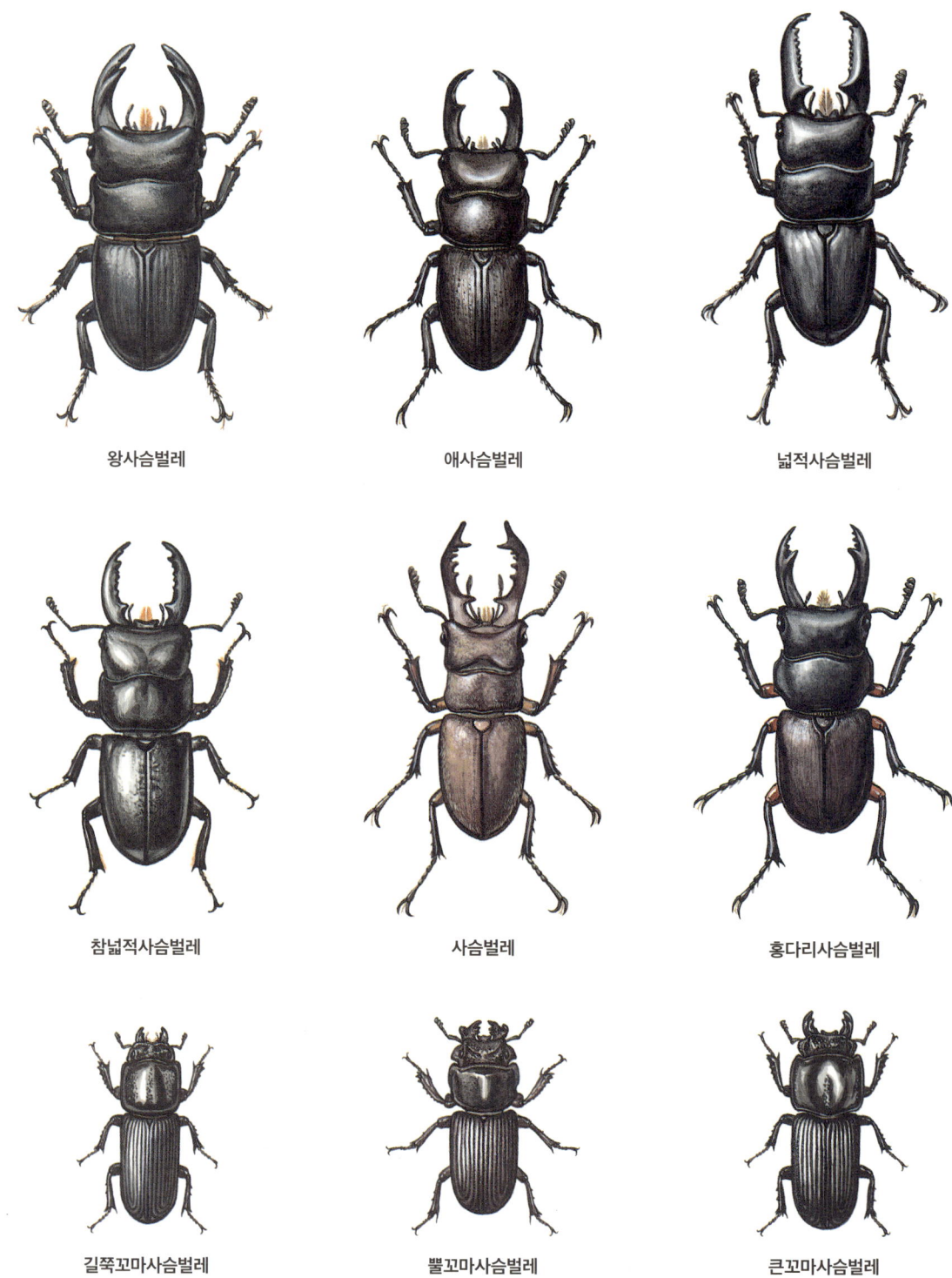

왕사슴벌레 애사슴벌레 넓적사슴벌레

참넓적사슴벌레 사슴벌레 홍다리사슴벌레

길쭉꼬마사슴벌레 뿔꼬마사슴벌레 큰꼬마사슴벌레

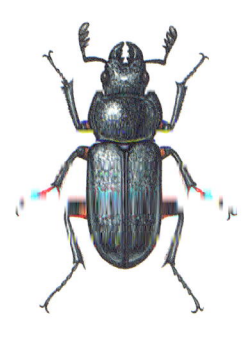
원표애보라사슴벌레

꼬마넓적사슴벌레

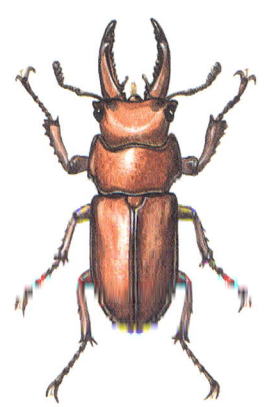
다우리아사슴벌레

톱사슴벌레

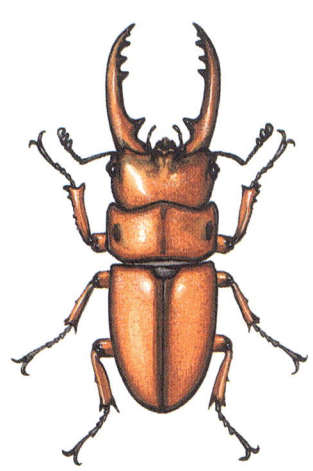
두점박이사슴벌레

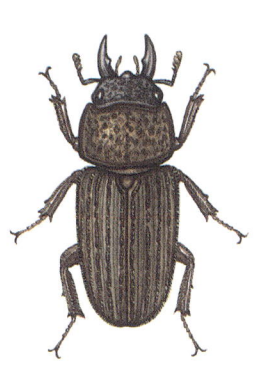
털보왕사슴벌레

사슴벌레 사촌 사슴벌레붙이

사슴벌레붙이는 사슴벌레를 똑 닮았다고 붙은 이름이야.
사슴벌레붙이는 다리를 긁어 소리를 내.
또 어른벌레가 알과 애벌레를 돌본대.
사슴벌레붙이 무리는 우리나라에 한 종만 살아.
온 세계에는 500종쯤 알려졌는데 거의 열대 지방에서 산대.

사슴벌레붙이

알록달록 무늬가 있는 무당벌레 무리

무당벌레는 딱정벌레 가운데 우리에게 가장 잘 알려졌어.
몸빛이 알록달록 뚜렷하고 동글동글한 무늬가 있는 무당벌레가 많아.
왜 무당벌레라는 이름이 붙었을까?
무당벌레 몸빛이 빨개서 꼭 무당이 입는 옷을 떠올린다고 붙은 이름이야.
또 생김새가 엎어 놓은 바가지처럼 생겼다고 '뒷박벌레'라고도 해.
북녘에서는 몸에 까만 점무늬가 있다고 '점벌레'라고 한대.

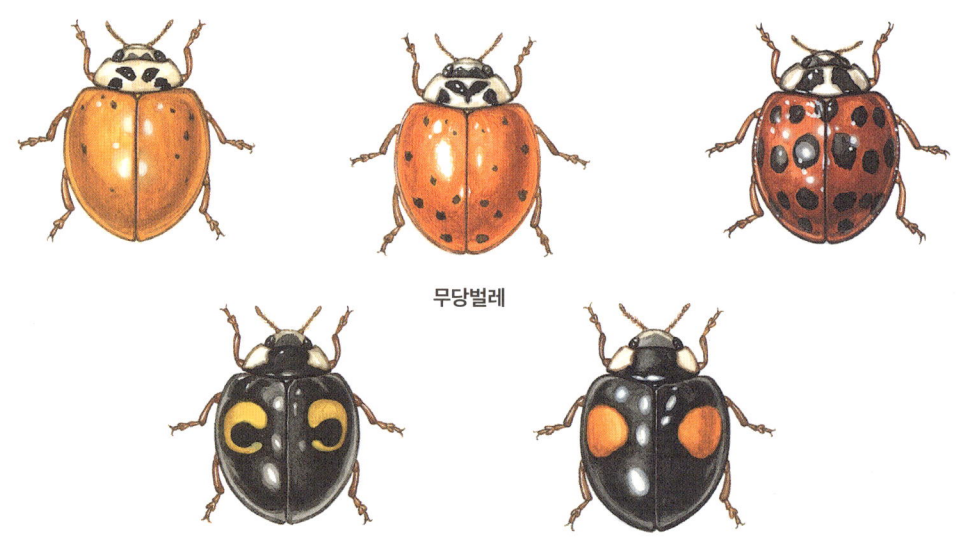

무당벌레

무당벌레 무리 가운데 무당벌레는 우리 둘레에서 흔히 볼 수 있어.
저마다 딱지날개에 찍힌 점무늬 숫자와 무늬, 빛깔이 달라.
언뜻 보면 다른 무당벌레인 줄 알지만 모두 같은 무당벌레야.

애홍점박이무당벌레

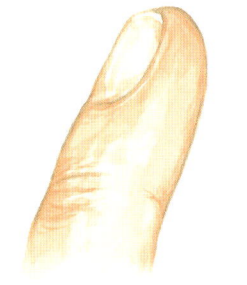

애홍점박이무당벌레가 딱지날개를 들어 올려
얇은 속날개를 펼치며 날아가고 있어.
무당벌레를 잡아서 손끝에 올려놓으면
이렇게 날아가는 모습을 볼 수 있어.

무당벌레는 무엇을 먹고 살까?

무당벌레는 산과 들 어디에서나 흔하게 볼 수 있어. 밭과 마당에도 날아오지.
무당벌레는 어른벌레나 애벌레 모두 작은 진딧물이나 나무이, 깍지벌레 따위를 잡아먹어.
큰이십팔점무당벌레나 중국무당벌레, 곱추무당벌레는 식물 잎을 갉아 먹지.
곤충 알이나 나방을 잡아먹는 무당벌레도 있어.

무당벌레

무당벌레는 논밭에서 농작물을 빨아 먹는 진딧물을 많이 잡아먹어.

남생이무당벌레

남생이무당벌레가 호두나무잎벌레 알을 먹고 있어.

칠성무당벌레

칠성무당벌레는 나방 같은 벌레도 잡아먹어.

중국무당벌레

중국무당벌레는 잎을 갉아 먹어.

곱추무당벌레

곱추무당벌레가 꽃을 갉아 먹고 있어.

큰이십팔점박이무당벌레

큰이십팔점박이무당벌레는 밭에 날아와서 감자나 가지 잎을 갉아 먹어.

무당벌레는 어떻게 어른이 될까?

무당벌레는 알-애벌레-번데기를 거쳐 어른벌레가 돼. 이렇게 자라는 것을 '갖춘탈바꿈'이라고 해. 번데기를 거치지 않으면 '안갖춘탈바꿈'이라고 하지.

남생이무당벌레 한살이

남생이무당벌레 알

남생이무당벌레 애벌레

남생이무당벌레는 따로 집을 짓지 않고 알을 낳아.
알에서 나온 애벌레가 먹이를 쉽게 구할 수 있는 곳을
찾아 하나씩 하나씩 줄지어 낳지.
알은 주황색인데 쌀알처럼 길쭉하게 생겼어.

남생이무당벌레 애벌레도 어른벌레처럼
진딧물 같은 작은 벌레를 잡아먹어.
몸집이 커지면 진딧물보다 훨씬 큰 잎벌레 애벌레도 잡아먹고,
먹잇감이 없으면 같은 남생이무당벌레 애벌레나
알도 먹어 치운대.

남생이무당벌레 앞번데기

남생이무당벌레 번데기

남생이무당벌레 앞번데기는 번데기가
되기 바로 전 애벌레를 말해.
다 자란 애벌레는 잎 겉면에
배 꽁무니를 딱 붙이고 앞번데기가 돼.
앞번데기는 위험을 느끼면 몸을 굽혔다 세웠다 하면서
천적을 놀라게 해.

번데기가 된 뒤로는 어른벌레가 될 때까지
꼼짝 않고 잎에 붙어 있어.

마침내 어른벌레가 되었어.

남생이무당벌레 어른벌레

무당벌레 한살이

무당벌레 짝짓기

무당벌레 알 낳기

무당벌레는 진딧물이 많이 꼬인 곳에 암컷과 수컷이 날아왔다가 서로 마음에 드는 짝을 만나면 짝짓기를 해.

짝짓기를 마친 암컷은 잎 위에 알을 낳아.

무당벌레 알

무당벌레 애벌레

무당벌레 알은 꼭 쌀알처럼 생겼어. 색깔이 하얗거나, 발그스름하거나, 노르스름하기도 해. 알에서 애벌레가 깨어 나오면 먹이를 쉽게 구할 수 있게 진딧물 가까이에 많이 낳아.

무당벌레 애벌레는 어른벌레처럼 진딧물이나 작은 벌레를 잡아먹다가 몸이 커지면 허물을 벗어.

무당벌레 번데기 윗모습

무당벌레 번데기 옆모습

무당벌레 날개돋이

애벌레가 다 크면 번데기가 돼. 꽁무니를 잎에 딱 붙이고 있지. 번데기도 위험을 느끼면 마치 윗몸일으키기를 하는 것처럼 몸을 위아래로 움찔거려.

번데기에서 무당벌레 어른벌레가 나왔어. 아직 딱지날개가 굳지 않아서 빛깔이 노래. 몸이 굳으면서 빨개질 거야. 얇은 속날개도 보여.

무당벌레는 자기 몸을 어떻게 지킬까?

무당벌레 몸빛은 왜 주로 빨간빛을 띨까? 바로 자기 몸을 지키기 위해서야.
몸에 독이 있으니 자기를 잡아먹으면 큰일 난다고 경고하는 거지.
무당벌레는 위험할 때면 진짜로 다리 마디나 몸마디에서 독물이 나와.
그래서 다른 새나 벌레가 무당벌레를 함부로 못 잡아먹어.

남생이무당벌레는 위험할 때
몸마디에서 빨간 독물을 뿜어내.
이 물에는 '코치넬린'이라는 독이 있어.
아주 쓴맛이 나고 먹으면 구역질이 나.

무당벌레는 남생이무당벌레와
달리 노란 독물이 나와.

이십팔점박이무당벌레 애벌레는
온몸에 가시 같은 털이 나 있어.
털에 독이 있는 나방 애벌레를
흉내 내서 목숨앗이들을 피하는 것 같아.

하지만 무당벌레가 아무리 독이 있어도 늘 힘센 천적이 무당벌레를 노려.

무당벌레가 왕거미 그물에 걸렸어.

개미는 진딧물 꽁무니에서 나오는 단물을 얻어먹어.
그 대신 진딧물을 잡아먹는 무당벌레를 쫓아내 주지.

이렇게 무당벌레는 한 해 동안 짝짓기하고
알을 낳고 여기저기 숨어 있는 목숨앗이들을 피하고
먹이를 찾아 여기저기 돌아다니며 살아.
그러다 추운 겨울이 오면 많은 무당벌레가
따뜻한 곳에 모여 함께 겨울잠을 자.

가랑잎 더미를 살짝 걷었더니 무당벌레 여러 마리가
따뜻한 가랑잎 더미 속에 모여 겨울을 나고 있어.

무당벌레 무리는 온 세계에 5,000종쯤 살아. 우리나라에는 90종쯤 산대.
그 가운데 30종이 진딧물을 잡아먹고, 13종이 깍지벌레를 많이 잡아먹어.

방패무당벌레　　쌍점방패무당벌레　　애홍점박이무당벌레　　홍점박이무당벌레　　홍테무당벌레

남생이무당벌레　　달무리무당벌레　　네점가슴무당벌레　　유럽무당벌레　　열닷점박이무당벌레

십일점박이무당벌레　　칠성무당벌레　　무당벌레　　열석점긴다리무당벌레　　다리무당벌레

큰황색가슴무당벌레　　노랑육점박이무당벌레　　꼬마남생이무당벌레　　큰꼬마남생이무당벌레　　긴점무당벌레

노랑무당벌레　　십이흰점무당벌레　　중국무당벌레　　곱추무당벌레　　큰이십팔점박이무당벌레　　이십사점콩알무당벌레

기다란 더듬이 휙휙 휘두르는 하늘소 무리

기다란 더듬이 휙휙 휘두르는 하늘소 본 적 있어?
하늘소는 더듬이가 아주 길어. 자기 몸보다 긴 하늘소가 많지.
하늘소라는 이름은 일본에서 쓰는 한자 이름인 '천우天牛'를 우리말로 그대로 바꾼 거야.
본디 우리말 이름은 '돌드레'였어. 다리 힘이 세서 주먹만 한 돌도 들어 올리거든.
옛날에는 아이들이 하늘소를 잡아 돌을 드는 놀이를 하며 놀았대.

장수하늘소 수컷
몸길이 100~120mm

송사리엿하늘소
몸길이 5~7mm

하늘소는 몸길이가 2밀리미터밖에 안 되는 종부터 15센티미터나 되는 종까지 여러 가지야.
몸빛도 생김새도 저마다 다르지. 우리나라에서는 장수하늘소가 몸집이 가장 커.

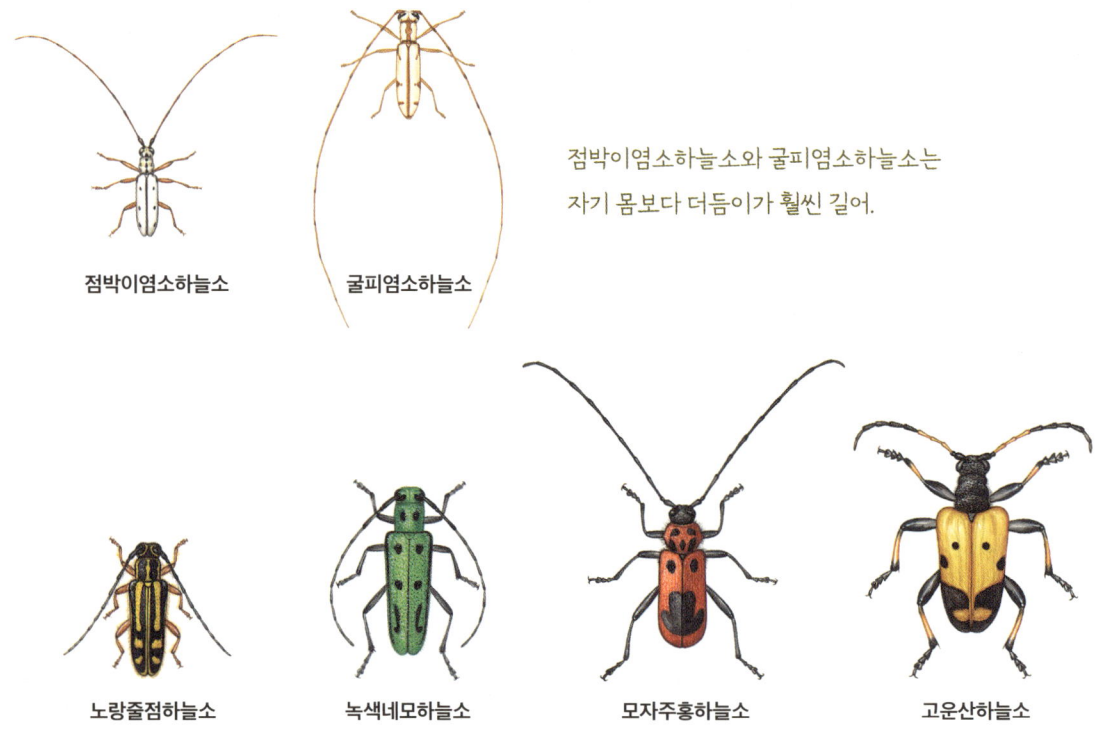

점박이염소하늘소와 굴피염소하늘소는
자기 몸보다 더듬이가 훨씬 길어.

점박이염소하늘소 **굴피염소하늘소**

노랑줄점하늘소 **녹색네모하늘소** **모자주홍하늘소** **고운산하늘소**

하늘소는 몸빛과 무늬가 여러 가지야.

털두꺼비하늘소

털두꺼비하늘소는 몸빛이
나무껍질이랑 닮아서
나무에 붙어 있으면 감쪽같아.

새똥하늘소

새똥하늘소는 생김새나
몸빛이 마치 새똥 같아.
그래서 목숨앗이 눈을 감쪽같이 속이지.

호랑하늘소　**벌호랑하늘소**　**벌하늘소**

꼭 말벌처럼 생긴 하늘소도 있어.
힘센 말벌을 흉내 내서
목숨앗이들을 속이는 거야.
하지만 독침이 없어서 겁내지 않아도 돼.

알통다리꽃하늘소　**주홍삼나무하늘소**

알통다리꽃하늘소랑 주홍삼나무하늘소는
뒷다리 허벅지마디가 알통처럼 툭 불거졌어.

남색초원하늘소는 기다란 더듬이 마디에
복슬복슬한 털이 달려 있어.
소주홍하늘소는 딱지날개가 빨개.
자기 몸에 독이 있는 것처럼 보이려는 거야.

 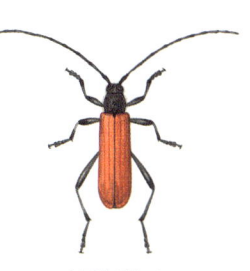
남색초원하늘소　**소주홍하늘소**

하늘소는 어떻게 어른이 될까?

하늘소는 알-애벌레-번데기를 거쳐 어른벌레가 돼. 그런데 하늘소마다 알 낳는 곳이 달라. 풀 줄기나 뿌리에 낳기도 하고, 나무에 구멍을 뚫고 낳거나 나무껍질 속이나 틈에 낳기도 해. 또 뿌리와 가까운 흙 속이나, 흙 밖으로 나온 뿌리에 낳기도 하지. 알에서 나온 애벌레는 나무 속이나 뿌리 속을 파먹으면서 자라고 번데기를 거쳐 어른벌레로 날개돋이해. 나무 안에서 날개돋이한 하늘소는 나무줄기를 뚫고 나와.

국화하늘소는 짝짓기를 하고 나면 암컷이 개망초 줄기 속에 알을 낳아. 암컷은 알을 낳기 전에 개망초 줄기를 빙 둘러 가며 입으로 씹은 뒤 그 속에 알을 낳지.

국화하늘소 짝짓기   **국화하늘소 알 낳기**

알에서 나온 국화하늘소 애벌레는 개망초 줄기 속을 야금야금 파먹으며 줄기를 따라 뿌리로 내려가. 그리고 뿌리 속에서 번데기가 돼.

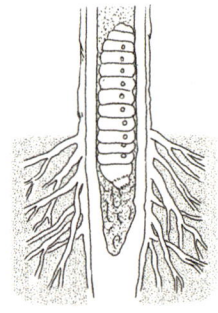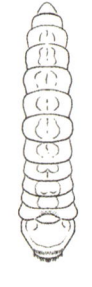

국화하늘소 애벌레

솔수염하늘소   **북방수염하늘소**

솔수염하늘소와 북방수염하늘소는 소나무나 잣나무, 전나무 같은 바늘잎나무 속에 알을 낳아. 이때 소나무에 피해를 주는 벌레인 소나무재선충을 나무에 옮겨.

붉은산꽃하늘소 짝짓기

붉은산꽃하늘소가 짝짓기를 하고 있어.   하늘소 애벌레가 나무 속을 파먹고 있어.   하늘소 번데기에선 어른벌레 생김새가 보여.

하늘소는 무엇을 먹고 살까?

하늘소는 어른이 되면 짝짓기를 하고 알을 낳는 일이 가장 큰일이야. 그러려면 힘을 내야 해. 그래서 어른이 된 하늘소는 잎이나 꽃잎, 나뭇진이 묻은 나무 부스러기 따위를 먹어. 짝짓기와 알을 낳기 위해 힘을 낼 만큼 먹지.

잎을 먹는 하늘소

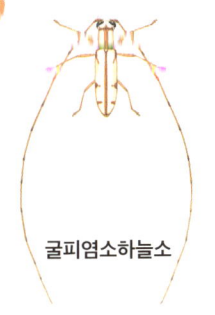
굴피염소하늘소

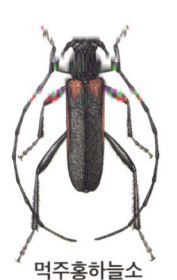
먹주홍하늘소

삼하늘소

굴피염소하늘소는 뽕나무 잎 뒤에 붙어서 잎을 갉아 먹어.

먹주홍하늘소는 참나무 잎을 갉아 먹어.

삼하늘소는 삼이라는 풀에 날아와 잎을 갉아 먹어.

꽃을 먹는 하늘소

긴알락꽃하늘소가 마가렛 꽃에 날아와 꽃을 갉아 먹고 있어.

긴알락꽃하늘소

육점박이범하늘소

육점박이범하늘소가 으아리 꽃을 뜯어 먹고 있어.

나무 부스러기를 먹는 하늘소

버들하늘소가 밤에 나뭇진이 흐르는 참나무로 날아왔어. 나뭇진을 먹는 것처럼 보이지만 사실 나뭇진이 묻은 나무 부스러기를 먹는 거야.

나무를 갉는 하늘소

알락하늘소

큰곰보하늘소

뽕나무하늘소

하늘소는 먹기 위해서가 아니고 알을 낳기 위해 나무를 갉아. 알락하늘소는 얇고 부드러운 갯버들 가지를 갉아서 알을 낳고, 큰곰보하늘소는 나무껍질을 갉은 뒤 알을 낳아. 뽕나무하늘소는 이름처럼 뽕나무 줄기를 갉은 뒤 그 속에 알을 낳아.

하늘소 무리

하늘소 무리는 온 세계에 25,000종쯤 살아. 우리나라에는 300종쯤 산대.
하늘소 무리는 크게 일곱 무리로 나뉘는데, 그 가운데 꽃하늘소 무리가 70종 가까이로 가장 많아.

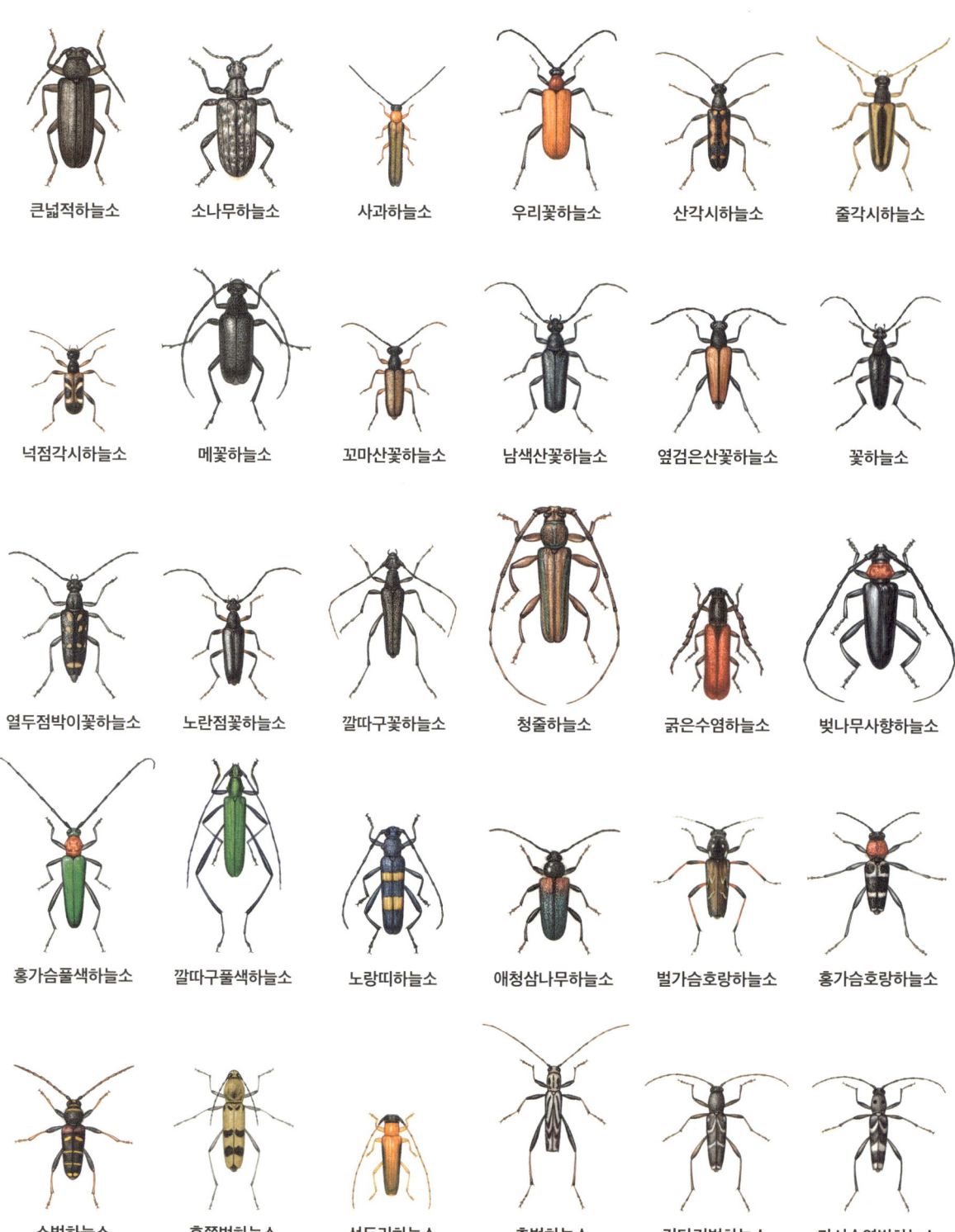

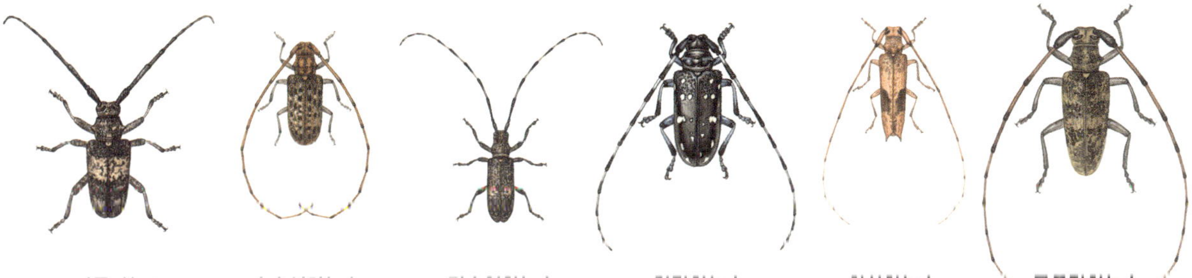

우리목하늘소 솔수염하늘소 긴수염하늘소 알락하늘소 회색하늘소 큰우단하늘소

반디하늘소 모시긴하늘소 깨다시하늘소 참나무하늘소 초원하늘소 흰점곰보하늘소

무늬곤봉하늘소 울도하늘소 줄콩알하늘소 별긴하늘소 팔점긴하늘소 황하늘소 당나귀하늘소

하늘소 사촌, 하늘소붙이

하늘소붙이는 생김새가 하늘소를 똑 닮은 곤충이야. 하늘소처럼 더듬이가 길쭉해. 우리나라에는 25종쯤 알려졌어. 어른벌레는 꽃가루를 먹고, 애벌레는 썩은 나무 속을 파먹고 살아.

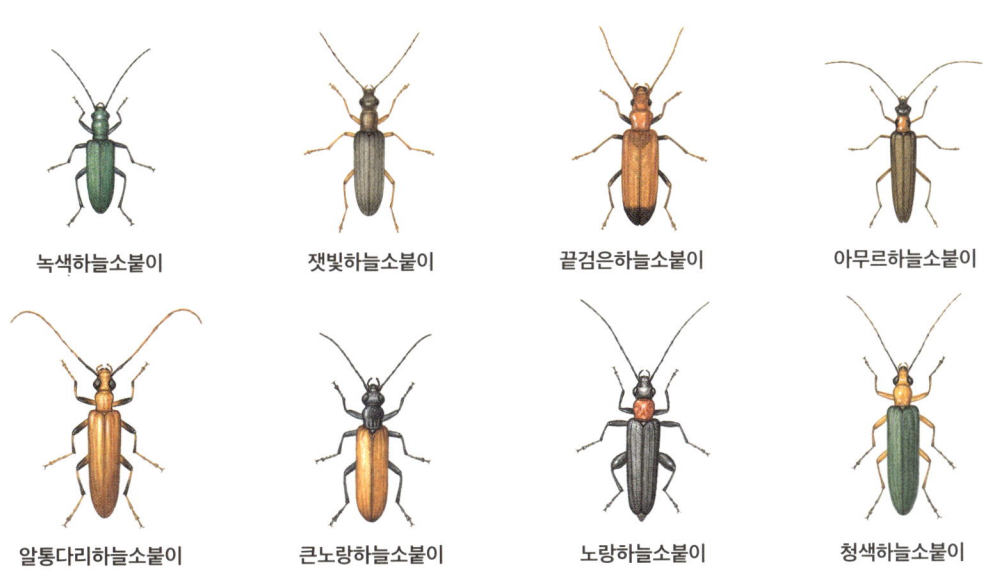

녹색하늘소붙이 잿빛하늘소붙이 끝검은하늘소붙이 아무르하늘소붙이

알통다리하늘소붙이 큰노랑하늘소붙이 노랑하늘소붙이 청색하늘소붙이

하늘소 무리 47

똥을 먹어 치우는 소똥구리와 똥풍뎅이, 금풍뎅이 무리

딱정벌레들 가운데 똥을 유난히 좋아하는 딱정벌레가 있어.
바로 소똥구리와 똥풍뎅이, 금풍뎅이 무리야.
소똥구리는 이름 그대로 소똥이나 말똥을 먹고 산다고 붙은 이름이야.
소똥구리와 똥풍뎅이, 금풍뎅이 무리는 소똥, 말똥을 좋아하고
여러 가지 짐승 똥뿐만 아니라 사람 똥까지 먹는대.

너구리 똥

산과 들에는 수많은 짐승들이
여기저기 똥을 싸 놓아.
소똥구리와 똥풍뎅이들이
이 똥을 치워 주는 청소부 노릇을 해.

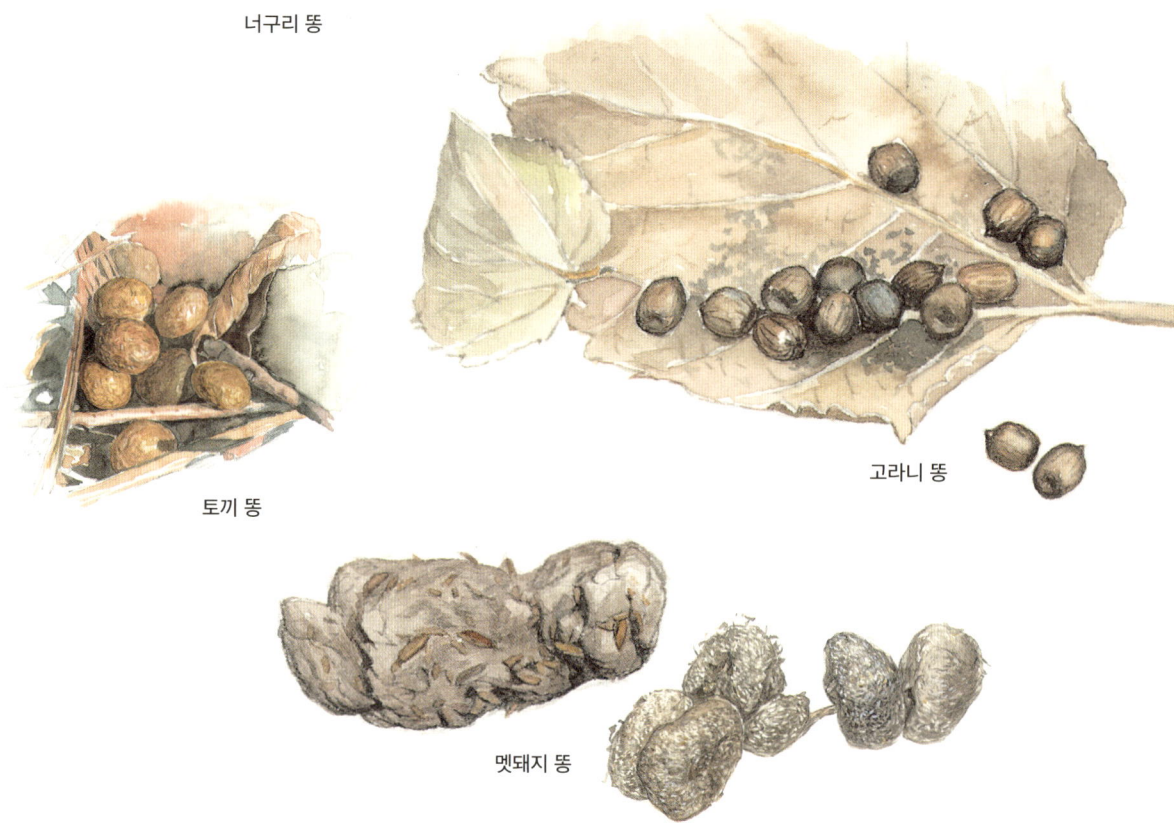

토끼 똥

고라니 똥

멧돼지 똥

소똥구리, 왕소똥구리, 긴다리소똥구리는 똥을 구슬처럼 동그랗게 만들서
뒷다리로 뒹굴뒹굴 굴리지. 왜 이렇게 똥을 굴릴까?
바로 똥 구슬이 애벌레에게 줄 맛있는 밥이거든.
소똥구리 무리는 미리 파 놓은 굴로 똥 구슬을 굴려 간 뒤 굴속에 집어넣어.
그리고 이 똥 구슬 겉에 알을 낳고 똥으로 덮어. 알에서 나온 애벌레는 똥 구슬 속을 파먹으며 자라.
나중에 번데기가 될 때쯤이면 애벌레가 푸웅 다 자라서 똥 구슬 속이 텅 비어.
이렇게 속이 텅 빈 똥 구슬이 그대로 번데기 방이 되지.
다른 소똥구리와 똥풍뎅이들은 똥을 굴리지 않고, 똥 밑으로 굴을 파고 들어가.

긴다리소똥구리

긴다리소똥구리가 기다란 뒷다리로
똥 구슬을 굴리고 있어.
때로는 암컷과 수컷이 함께 똥을 굴려.

뿔소똥구리

뿔소똥구리 수컷이 소똥을 찾아왔어.

보라금풍뎅이

보라금풍뎅이가 사슴 똥을 찾아왔어.

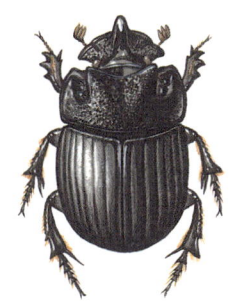
뿔소똥구리

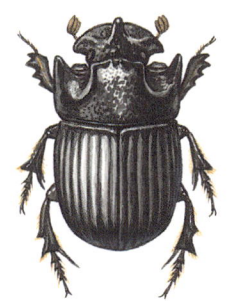
애기뿔소똥구리

창뿔소똥구리

이 소똥구리들은 이마에 멋진 뿔이 솟았어.

소똥구리 무리

소똥구리 무리는 온 세계에 5,000종쯤 살아. 우리나라에는 33종이 살지.

똥풍뎅이 무리

똥풍뎅이 무리는 온 세계에 3,200종쯤 살아. 우리나라에는 50종쯤 살지.
산에서도 살고, 강가나 바닷가 모래 속에서도 살고, 개미집에서 개미랑 함께 살기도 해.

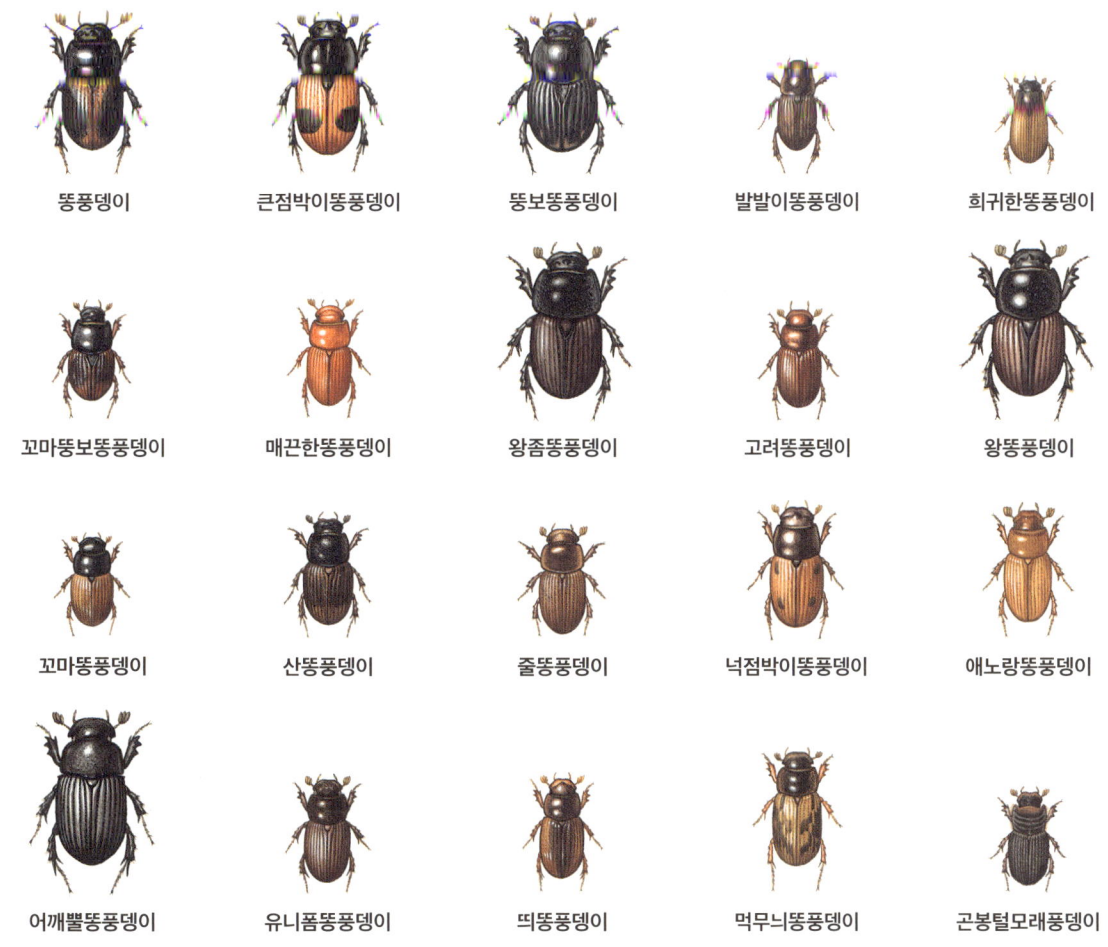

금풍뎅이 무리

금풍뎅이 무리는 온 세계에 620종쯤 살아. 우리나라에는 4종이 있어.
금풍뎅이 무리는 햇볕을 받으면 온몸이 아롱다롱 쇠붙이처럼 번쩍거리는 종이 많아.

죽은 동물을 먹어 치우는 송장벌레와 송장풍뎅이 무리

똥이 아니라 죽은 동물을 먹어 치우는 딱정벌레도 있어.
이름도 무시무시한 송장벌레와 송장풍뎅이야.
'송장'이라는 말은 죽은 사람을 뜻하는 말이야.
밤에 나와 돌아다니면서 죽은 동물에 모여.

넉점박이송장벌레

죽은 지렁이에 송장벌레들이 모여들었어.

대모송장벌레

대모송장벌레가 죽은 두꺼비 위에서 짝짓기를 하고 있어.
짝짓기를 마치면 죽은 동물 위에 알을 낳아.

송장벌레 애벌레

송장벌레 애벌레는 몸이 까매.
어른벌레처럼 죽은 동물을 먹어.

검정송장벌레

검정송장벌레가 딱지날개를 들어 올린 뒤
속날개를 펼치고 날아가고 있어.

대모송장벌레

노랑망태버섯은 썩은 냄새가 나.
그 냄새를 맡은 대모송장벌레가
죽은 동물이 썩는 줄 알고 찾아와.

송장풍뎅이 무리

송장풍뎅이는 온 세계에 330종쯤이 살아.
우리나라에는 10종쯤 산다고 해.
아직까지 사는 모습이 잘 밝혀지지 않았어.

송장풍뎅이

송장벌레 무리

송장벌레 무리는 온 세계에 2,000종쯤 살아. 우리나라에는 26종쯤 살지.
딱지날개가 짧아서 배 끝이 드러나는 종이 많아.

| 송장벌레 |  네눈박이송장벌레 |  곰보송장벌레 |  좀송장벌레 |

| 우단송장벌레 |  큰넓적송장벌레 |  넓적송장벌레 |  큰수중다리송장벌레 |

| 수중다리송장벌레 |  검정송장벌레 |  대모송장벌레 |  작은송장벌레 |

물속을 헤집고 다니는 물방개와 물땡땡이 무리

물에서 사는 딱정벌레 알아? 딱정벌레가 물에서도 산다니 신기하지?
물방개 무리는 물속에서 살아. 웬만한 물고기만큼 헤엄을 잘 쳐.
뒷다리가 꼭 배를 젓는 노처럼 생겼거든.
긴 뒷다리를 뒤로 쭉 뻗으면 털이 쫙 펼쳐져서 물갈퀴 노릇을 해.
하지만 물방개는 물속에서 숨을 쉴 수 없어서 숨이 찰 때면 물낯으로 올라왔다가,
딱지날개 밑에 공기 방울을 가득 채우고 다시 물속으로 들어가.

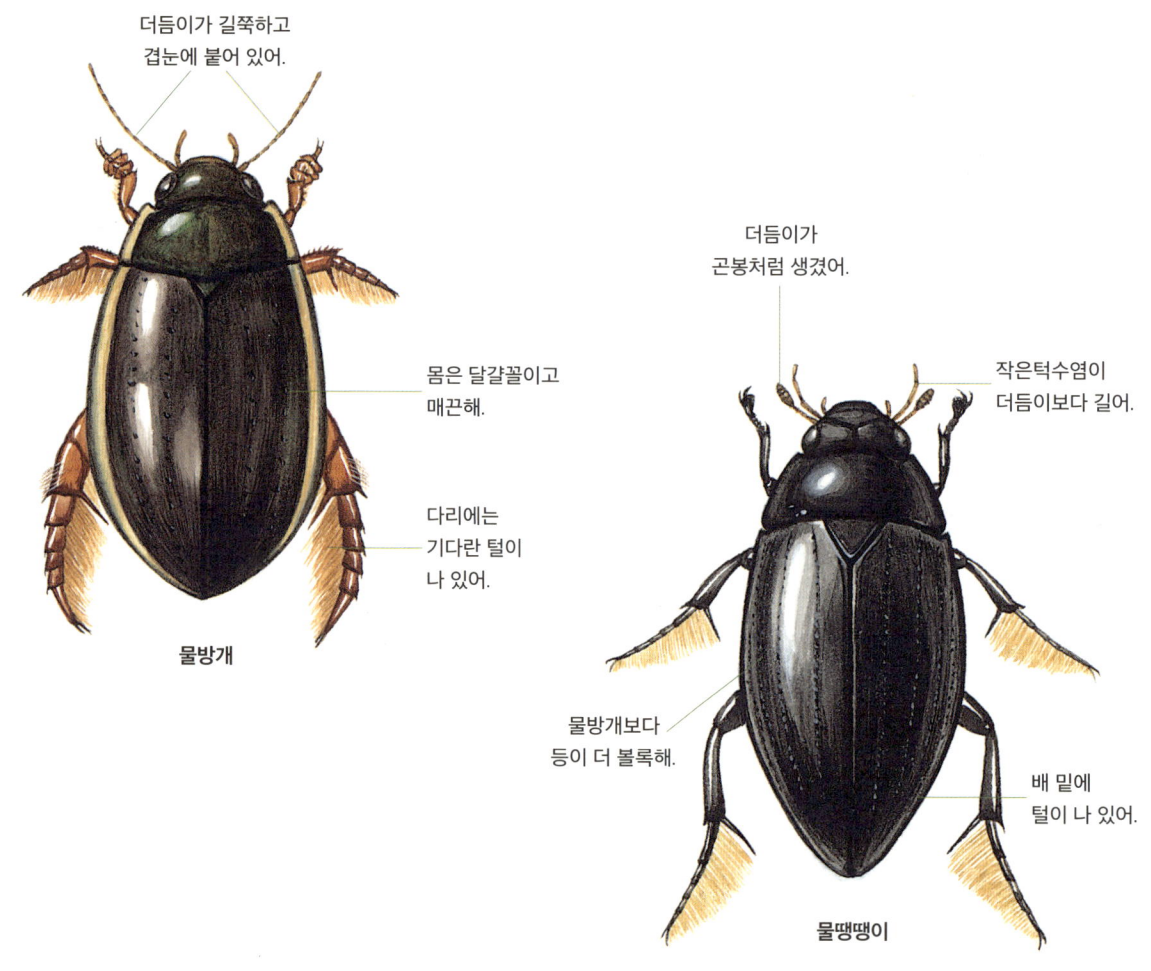

물방개와 닮은 물땡땡이 무리도 물속에서 살아.
물속에서 썩은 풀을 갉아 먹지. 몇몇 물땡땡이는 죽은 동물을 뜯어 먹기도 해.
물방개는 뒷다리를 개구리처럼 한꺼번에 움직여 헤엄치지만,
물땡땡이는 가운뎃다리와 뒷다리를 번갈아 저으면서 강아지처럼 헤엄쳐.

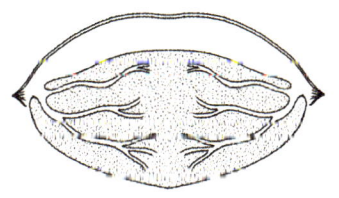

딱지날개 밑에서
공기가 몸속으로 들어가는 길이야

물방개는 딱지날개 밑에 공기 방울을 채운 뒤에 물속으로 들어가.
이 공기 방울에 있는 산소가 물방개 숨길을 타고 온몸으로 퍼지지.
그래서 물속에서도 오랫동안 숨을 쉴 수 있는 거야.

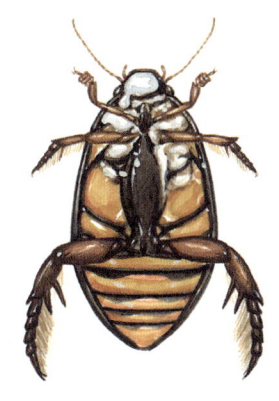

물방개는 몸에서 허연 독물이 나와.
이 독물은 아주 쓴맛이 나.
그래서 물고기가 물방개를 날름 삼켰다가
깜짝 놀라서 금방 뱉어낸대.

물방개는 물속에서 짝짓기를 해.
수컷이 빨판처럼 넓적한 앞다리로
미끄러운 암컷 딱지날개를 꽉 잡고 짝짓기를 해.

검정물방개 애벌레

검정물방개 애벌레도 물속에서 숨을 못 쉬어.
그래서 기다란 꽁무니를 물 밖으로 빼서 숨을 쉬고 있어.

검정물방개 애벌레가 가시고기를 잡았어.
물방개 무리 애벌레는 물속에 살면서
작은 물고기나 벌레 따위를 잡아먹어.
낫처럼 휘어진 날카로운 큰턱으로 먹이를 사냥해.

물방개 무리

온 세계에 4,000종쯤 살고, 우리나라에는 51종쯤 살아.

자색물방개 무리

우리나라에 3종이 살아. 물방개보다 몸집이 훨씬 작아.

물땡땡이 무리

온 세계에 1,700종쯤 살고, 우리나라에 40종쯤 살아.

물낯을 뱅글뱅글 도는 물맴이 무리

물낯을 빙글빙글 맴돈다고 물맴이라는 이름이 붙었어. 물낯에서 동그란 원을 그리며 맴돌거나 재빠르게 헤엄치지. 서로 자기 자리를 맴돌다가 여러 마리가 한데 모여 함께 빙글빙글 돌기도 해. 이렇게 맴놀다가 먹이가 눈에 띄어지면 재빨리 날러들어 들어 먹어. 무리를 지어 물낯을 맴돌면 짝이나 먹이를 쉽게 찾을 수 있고, 목숨앗이가 나타나는 것도 빨리 알아차릴 수 있대. 몸 테두리에 난 부드러운 솜털에는 물을 밀어내는 기름기가 묻어 있어. 그래서 물에 젖지도 않고, 털에 붙잡혀 있는 공기 덕에 물에 둥둥 떠다닐 수 있어.

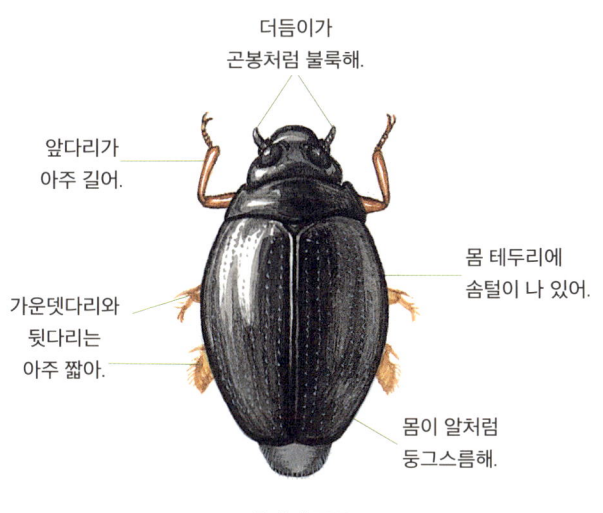

물맴이 등쪽

- 더듬이가 곤봉처럼 불룩해.
- 앞다리가 아주 길어.
- 가운뎃다리와 뒷다리는 아주 짧아.
- 몸 테두리에 솜털이 나 있어.
- 몸이 알처럼 둥그스름해.

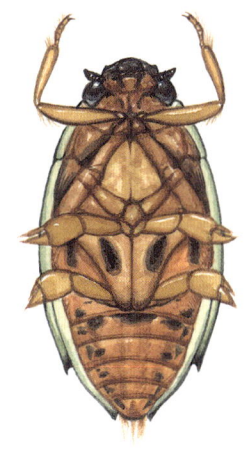

물맴이 배쪽

물맴이 가운뎃다리와 뒷다리가 넓적한 노처럼 생겼고 짧은 털이 나 있어. 이 다리를 아주 빠르게 휘저어서 헤엄치는 거야.

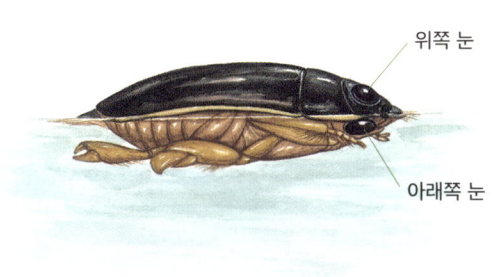

- 위쪽 눈
- 아래쪽 눈

물맴이는 겹눈 두 개가 위아래로 나뉘었어. 그래서 마치 눈이 네 개 있는 것처럼 보여. 나뉜 위쪽 눈으로 새나 잠자리 같은 목숨앗이가 오나 보고, 아래쪽 눈으로는 물자라나 물고기 같은 목숨앗이가 다가오는지 봐.

물맴이가 물낯에서 뱅글뱅글 돌고 있어.

 참물맴이  물맴이  왕물맴이

물속에 사는 물진드기와 물삿갓벌레, 여울벌레, 진흙벌레, 알꽃벼룩 무리

물방개, 물땡땡이, 물맴이 말고도 물에 사는 딱정벌레가 또 있어.
이름도 재미있는 물진드기, 물삿갓벌레, 여울벌레야.

진드기와 다른 물진드기

물진드기는 진드기만큼 몸이 작다고 붙은 이름이야.
논이나 웅덩이, 연못, 호수 물 가장자리에서
자라는 물풀에서 볼 수 있어.
몸이 아주 작아서 2~5밀리미터밖에 안 돼.
물속에 사는 실지렁이나 새우, 깔따구 같은
작은 벌레를 잡아먹고 물풀이나 이끼도 먹어.
우리나라에 10종쯤 살아.

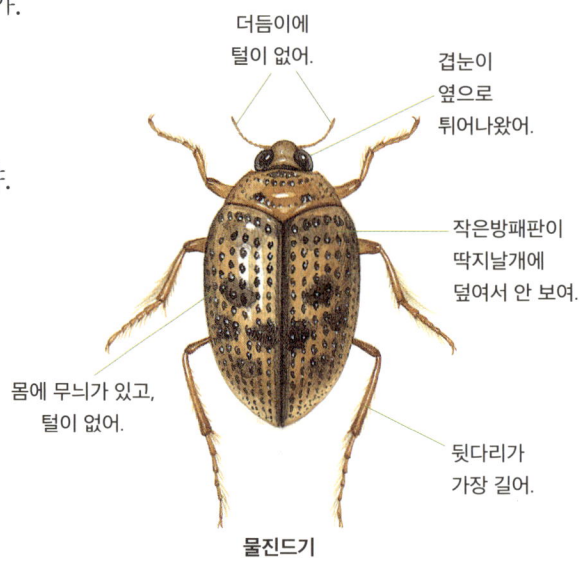

물진드기

극동물진드기   **샤아프물진드기**   **알락물진드기**   **물진드기**   **중국물진드기**

삿갓처럼 생긴 물삿갓벌레 무리

물삿갓벌레는 애벌레 생김새가 꼭 옛날 사람이 머리에 쓰던 삿갓을 닮았다고 붙은 이름이야.
우리나라에 5종쯤 살아. 애벌레 때에는 물속에서 살다가 물 밖으로 나와 어른벌레로 날개돋이해.

 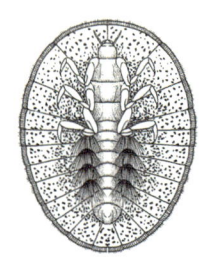 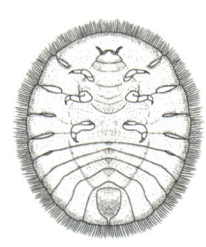 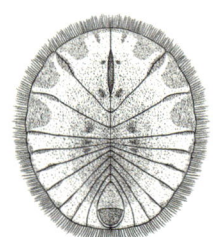

배쪽 모습   위쪽 모습

물삿갓벌레   **물삿갓벌레 애벌레 배쪽 모습**   **물삿갓벌레류 애벌레**

여울에서 사는 여울벌레 무리

여울벌레는 애벌레 때 물살이 빠른 강이나 시냇가, 연못 속에서 살아. 물속에서도 숨을 쉴 수 있지. 애벌레는 돌에 붙은 이끼나 다슬기 같은 여러 가지 벌레를 잡아먹고, 때때로 썩은 식물 부스러기를 먹기도 해. 다 자란 애벌레는 물가나 강기슭으로 올라가서 번데기가 되었다가 어른벌레가 돼. 우리나라에는 6종쯤 살아.

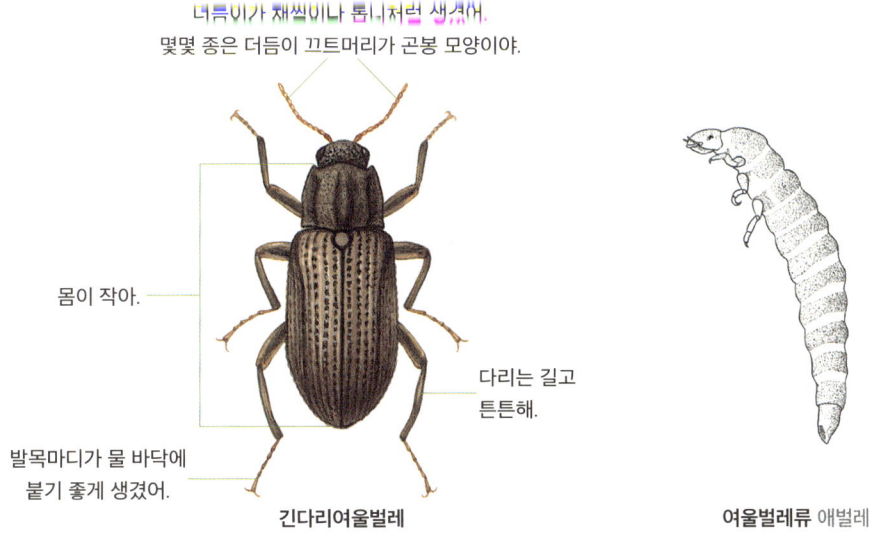

더듬이가 채찍이나 톱니처럼 생겼어.
몇몇 종은 더듬이 끄트머리가 곤봉 모양이야.

몸이 작아.

다리는 길고 튼튼해.

발목마디가 물 바닥에 붙기 좋게 생겼어.

긴다리여울벌레

여울벌레류 애벌레

진흙 속에 사는 진흙벌레 무리

진흙벌레 애벌레는 강이나 시냇가 물속 진흙이나 모래 속에서 살아. 다 자란 애벌레는 물 밖으로 나와서 어른벌레로 날개돋이해. 어른벌레가 되어도 4~6밀리미터밖에 안 돼. 우리나라에는 2종이 살아.

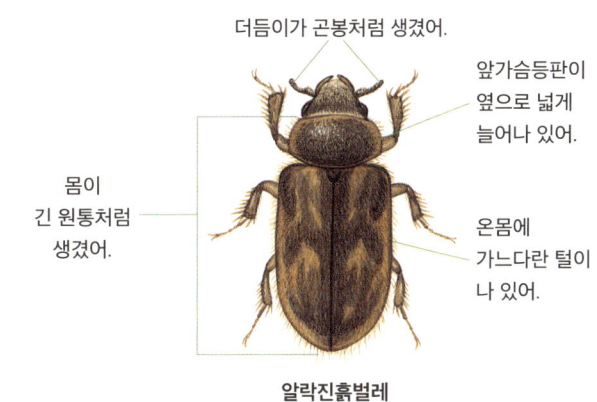

더듬이가 곤봉처럼 생겼어.

앞가슴등판이 옆으로 넓게 늘어나 있어.

몸이 긴 원통처럼 생겼어.

온몸에 가느다란 털이 나 있어.

알락진흙벌레

벼룩처럼 톡톡 튀는 알꽃벼룩 무리

알꽃벼룩은 굵은 뒷다리로 벼룩처럼 톡톡 튀어 다닌다고 붙은 이름이야. 어른벌레는 산에서 살지만, 애벌레는 물속에서 살면서 작은 벌레를 잡아먹어.

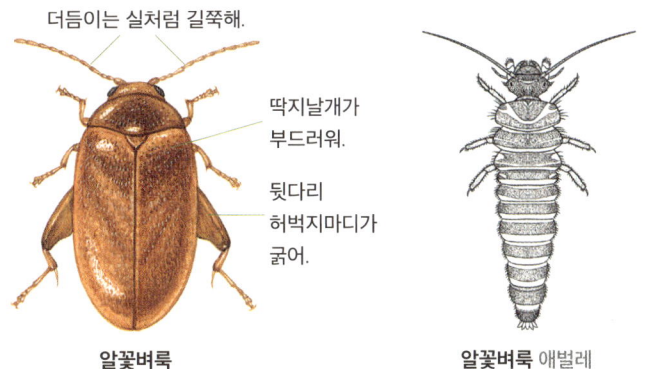

더듬이는 실처럼 길쭉해.

딱지날개가 부드러워.

뒷다리 허벅지마디가 굵어.

알꽃벼룩

알꽃벼룩 애벌레

주둥이가 길쭉한 바구미 무리

바구미는 생김새가 아주 재미난 딱정벌레야. 주둥이가 코끼리 코처럼 길게 뻗은 것이 많거든.
기다란 주둥이 끝에 자그마한 입이 있고, 가운데쯤에 더듬이가 달렸어.
바구미는 주로 곡식을 갉아 먹고 살아.
때로는 풀밭과 꽃이나 나뭇진이 흐르는 곳에 살면서 풀과 꽃, 열매, 나무 속을 갉아 먹기도 해.

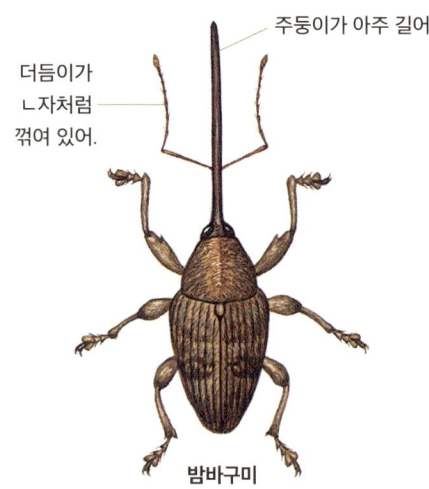

밤바구미

밤바구미는 밤나무에 살면서
밤을 파먹고 살아.

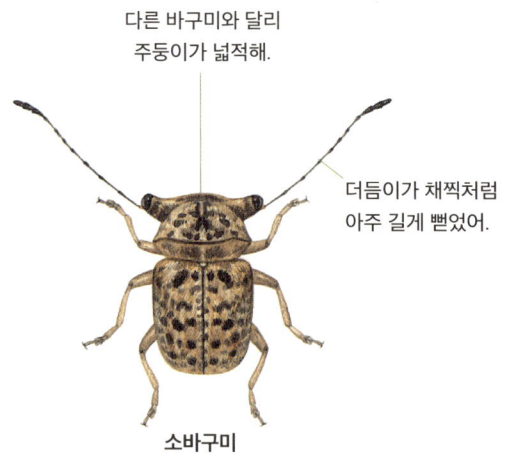

소바구미

소바구미는 썩은 나무에 돋는
버섯이나 식물 열매를 파먹고 살아.

벼물바구미

벼물바구미는 다른 나라에서 들어온 바구미야.
이름처럼 논에 모내기를 하면
어른벌레가 날아와서 벼 잎을 갉아 먹어.
그리고 벼 잎에 알을 낳지. 알에서 나온 애벌레는
벼 뿌리를 갉아 먹어. 그래서 벼가 죽기도 해.

어리쌀바구미

어리쌀바구미는 갈무리한 쌀알 겉에 알을 낳아 붙여.
알에서 나온 애벌레는 쌀알 속을 파먹지.

팥바구미는 집에 갈무리해 둔
팥을 갉아 먹고 살아.
애벌레는 팥 속을 갉아 먹어.

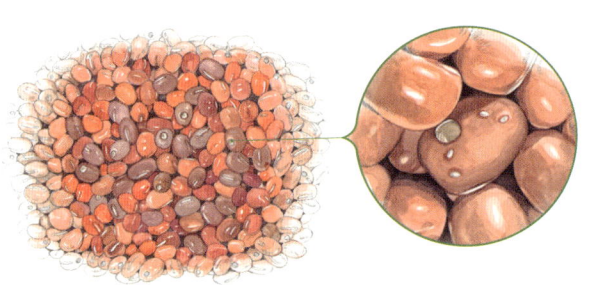

팥바구미가 팥 파먹은 흔적

왕바구미

왕바구미는 몸빛이 나무껍질이랑 똑 닮아서
나무에 붙어 있으면 감쪽같아.

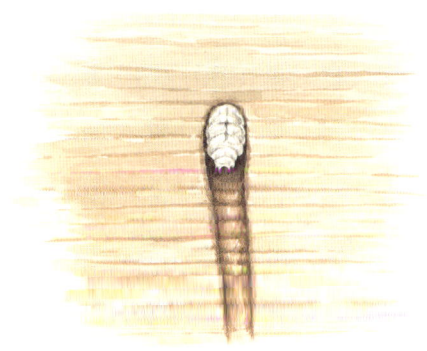

왕바구미 애벌레가 나무 속을 파먹고 있어.
애벌레는 몸이 보들보들해도 튼튼한 입으로
억센 나무 속을 잘 갉아 먹어.

배자바구미

배자바구미가 칡 잎에 앉아 있어.
언뜻 보면 꼭 새똥처럼 생겨서 배자바구미를
노리는 새들이 똥인 줄 알고 그냥 지나친대.

배자바구미 애벌레는 칡덩굴 줄기 속에서 살아.
그러면 칡은 애벌레가 사는 곳에
뚱뚱하게 부풀어 오른 벌레 혹을 만들어.

흰점박이꽃바구미

흰점박이꽃바구미가 개망초 위에서 짝짓기를 하고 있어.
흰점박이꽃바구미는 여러 가지 꽃에 날아와 꽃가루를 먹어.

혹바구미

혹바구미는 위험을 느끼면
땅에 뚝 떨어져 누워서 죽은 척해.
혹바구미는 칡이나 아까시나무, 등나무,
싸리나무 나뭇잎을 갉아 먹어.

바구미 무리

바구미 무리는 딱정벌레 가운데 가장 수가 많아. 온 세계에 5만 종쯤 살고 있대. 우리나라에는 400종이 넘게 살아. 생김새와 몸빛, 사는 곳과 사는 모습이 저마다 달라.

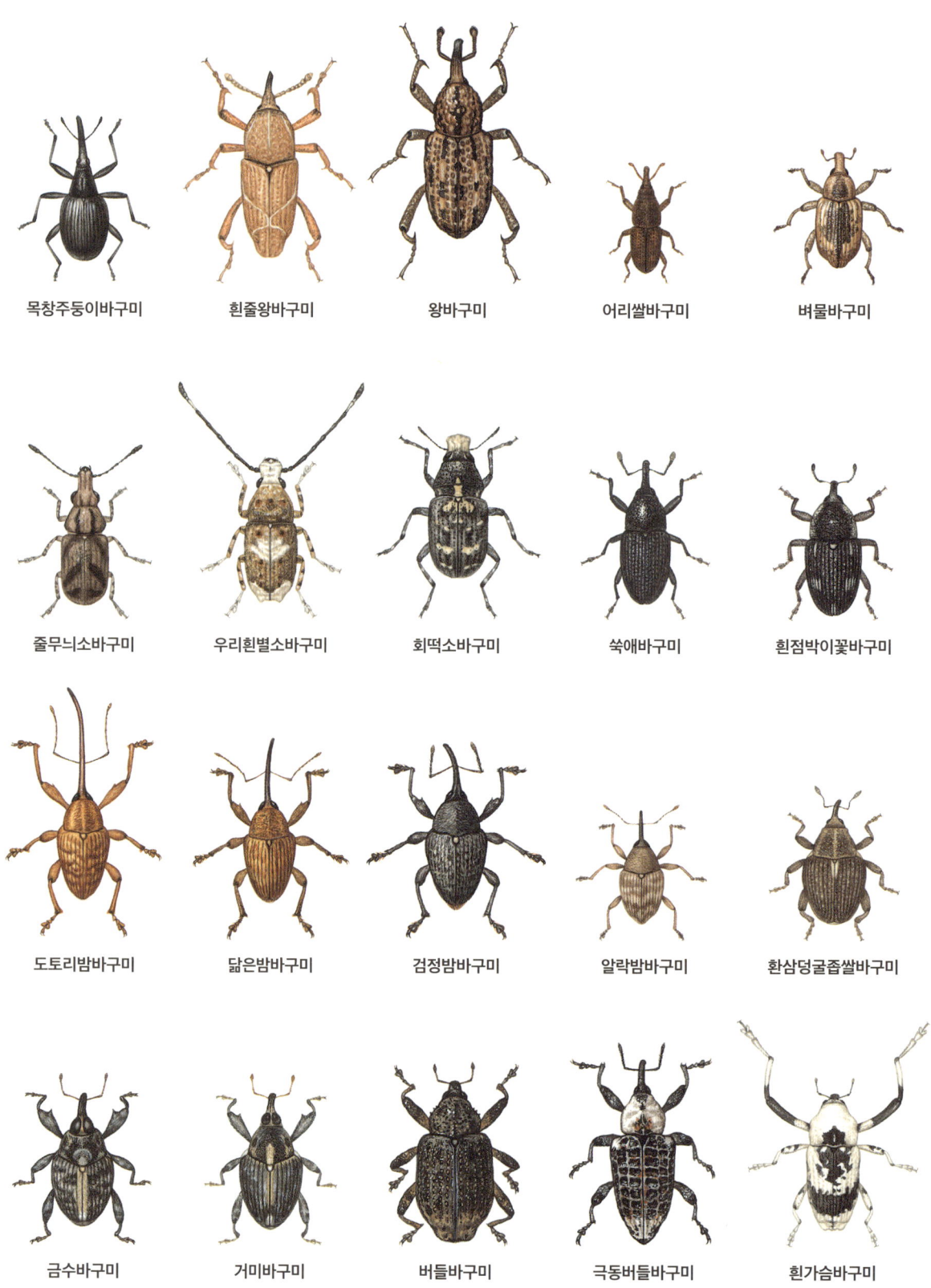

솔곰보바구미 　사과곰보바구미 　배자바구미 　오뚜기바구미 　채소바구미

뭉뚝바구미 　둥근혹바구미 　혹바구미 　긴더듬이주둥이바구미 　주둥이바구미

천궁표주박바구미 　밀감바구미 　털보바구미 　땅딸보가시털바구미 　가시털바구미

 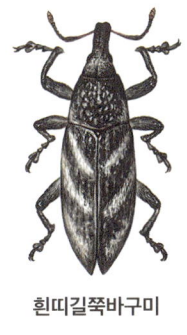   

알팔파바구미 　흰띠길쭉바구미 　길쭉바구미 　민가슴바구미 　볼록민가슴바구미

거위처럼 목이 기다란 거위벌레 무리

목이 거위처럼 기다란 딱정벌레를 알아? 바로 거위벌레야.
바구미는 머리 앞쪽이 주둥이처럼 길게 늘어났고, 거위벌레는 머리 뒤쪽이 길게 늘어났지.
하지만 바구미를 닮은 거위벌레도 있어.

거위벌레는 집짓기 선수야. 도구도 없이 여섯 다리로 잎을 돌돌 말아서 집을 지어.
집 안에 알을 낳으면 애벌레는 엄마가 돌돌 말아 놓은 잎을 갉아 먹으며 커.

왕거위벌레 집 짓기

1. 왕거위벌레 암컷이 알 낳을 잎 크기와 상태를 살피고 있어.

2. 알맞은 잎을 고른 뒤, 잎 가운데 굵은 맥을 중심으로 양쪽 잎 가장자리를 잘라.

3. 가운데 잎맥을 군데군데 씹어서 집 짓기 좋도록 잎사귀를 시들게 해.

4. 잎 가운데 굵은 맥을 남기고 잎 절반을 잘라.

5. 그러고는 잎사귀 아래쪽부터 잎을 돌돌 말아 올려.

6. 이미 잘라 놓은 잎사귀 절반쯤까지 말아 올려.

7. 애벌레 집을 다 지었어.

왕거위벌레 알

노란 왕거위벌레 알이 돌돌 말린 잎 속에 들어 있어.

도토리거위벌레는 참나무 열매인
도토리 속에 알을 낳아.
도토리에 도토리거위벌레가 뚫은
동그란 구멍이 조그맣게 났어.

도토리거위벌레는 도토리에
알을 낳으면 나뭇가지를 잘라
땅에 떨어뜨려.

알에서 나온 도토리거위벌레 애벌레가
도토리 속을 파먹고 있어.
도토리를 파먹고 싼 똥도
수북이 쌓여 있어.

거위벌레는 우리나라에 60종쯤 살아. 몸집이 작은 것은 4~5밀리미터쯤 되고,
큰 것은 8~12밀리미터쯤 돼. 거위벌레마다 알을 낳는 나무가 다르고, 잎을 접는 모양이 달라.
나뭇잎을 안 접고 열매나 나뭇가지에 알을 낳는 것도 있어.

포도거위벌레 뿔거위벌레 어리복숭아거위벌레 복숭아거위벌레 도토리거위벌레

거위벌레 북방거위벌레 분홍거위벌레 어깨넓은거위벌레 꼬마혹등목거위벌레

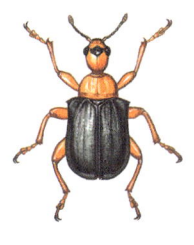

등빨간거위벌레 노랑배거위벌레 사과거위벌레 왕거위벌레 싸리남색거위벌레

거위벌레 무리

잎을 갉아 먹는 잎벌레 무리

잎벌레는 자기가 좋아하는 잎만 골라 먹는 딱정벌레야.
이름처럼 어른벌레나 애벌레 모두 풀잎이나 나뭇잎을 갉아 먹어.
애벌레는 더러 땅속에서 뿌리를 갉아 먹거나 물속 물풀을 먹기도 하지.
잎벌레는 딱정벌레 무리 가운데 수가 아주 많은 무리야.
둘레를 조금만 살펴보면 어디에서나 볼 수 있어.
하지만 몸집이 1.5~3밀리미터밖에 안 될 만큼 아주 작은 잎벌레도 있어서 잘 살펴봐야 해.

무늬가 예쁜 잎벌레

아스파라거스잎벌레

육점통잎벌레

콜체잎벌레

잎벌레는 무당벌레랑 많이 닮았어. 무당벌레처럼 알록달록한 무늬가 있는 잎벌레가 많아.
하지만 잎벌레는 더듬이가 무당벌레보다 훨씬 길어.

생김새가 별난 잎벌레

왕벼룩잎벌레

왕벼룩잎벌레는
뒷다리가 툭 불거졌어.
벼룩처럼 톡톡 높이 튀어 올라.

노랑테가시잎벌레

노랑테가시잎벌레는 고슴도치처럼
딱지날개 옆 가장자리에 가시가
잔뜩 돋았어. 등에는 혹이
울퉁불퉁 나 있어.

큰남생이잎벌레

큰남생이잎벌레는 몸 생김새가
남생이처럼 생겼어.
또 딱지날개가 투명해서
속이 훤히 비쳐.

먹는 잎도 가지각색

잎벌레는 자기가 좋아하는 잎만 먹어.
그래서 좋아하는 잎 이름이 붙은 잎벌레가 많아.

쑥

쑥잎벌레는
쑥 잎을 갉아 먹어.

쑥잎벌레

강낭콩

콩잎벌레는
콩 잎을 갉아 먹어.

콩잎벌레

고구마

고구마잎벌레는
고구마 잎을 갉아 먹어.

고구마잎벌레

파

파잎벌레는
파나 부추, 원추리 잎을
갉아 먹어.

파잎벌레

잎벌레는 어떻게 살까?

잎벌레들은 산과 들판에서 살아. 나무에서도 보이고, 풀에서도 보여.
잎벌레들도 다른 곤충처럼 알-애벌레-번데기를 거쳐 어른벌레가 되면 짝짓기를 하고 알을 낳지.

백합긴가슴잎벌레가
짝짓기를 하고 있어.

좀남색잎벌레가
짝짓기를 하고 있어.

사시나무잎벌레 암컷이
잎 위에 알을 낳았어.

왕벼룩잎벌레 애벌레들이 똥을 뒤집어쓰고
개옻나무 잎을 갉아 먹고 있어.
자기가 싼 똥을 스스로 덮어서 몸을 숨기는 거야.

큰남생이잎벌레는 가슴등판과 딱지날개가
몸 가장자리 옆으로 늘어나 있어.
개미가 달려들면 몸을 납작하게 딱 붙여.
그러면 딱딱한 껍질 때문에 개미가 어쩌지 못해.

버들잎벌레 한살이

버들잎벌레가 짝짓기를 하고 있어.
짝짓기를 마치면 버들잎에 알을 낳아.

버들잎벌레 애벌레가 버들잎을 갉아 먹고 있어.
애벌레는 허물을 세 번 벗고 자라.

버들잎벌레 애벌레는 꽁무니를 버들잎 밑에
붙이고 매달려서 번데기가 돼.

버들잎벌레 번데기에서 어른벌레가 나오고 있어.
버들잎벌레는 알에서 어른벌레가 되는 데 한 달쯤 걸려.

버들잎벌레

버들잎벌레 어른벌레 모습이야.
어른벌레도 애벌레처럼 버들잎을 갉아 먹고 살아.

잎벌레 무리는 풍뎅이 무리, 거저리 무리, 하늘소 무리, 바구미 무리처럼 딱정벌레 가운데 그 수가 많은 편이야. 온 세계에 37,000종쯤 살고, 우리나라에는 370종쯤 살아.

꽁무니에서 빛이 나는 반딧불이 무리

반딧불이는 꽁무니에서 반짝반짝 빛이 나. 알, 애벌레, 번데기, 어른벌레 모두 빛을 내.
반딧불이는 왜 빛을 낼까? 짝을 찾기 위해서야. 깜깜한 여름밤에 수컷 여러 마리가 떼를 지어
느릿느릿 날아다니면서 빛을 내지. 암컷은 풀숲에 숨어서 반짝반짝 빛을 내 수컷을 불러.
이 빛은 뜨겁지 않아서 손으로 잡아도 괜찮아.

반딧불이들이 꽁무니에서 빛을 내며 날아다니고 있어. 마치 불빛이 둥둥 떠다니는 것 같아.

늦반딧불이는
꽁무니 끝 두 마디에서
빛이 나.

운문산반딧불이 수컷이 잎 위에서 쉬고 있어.
반딧불이는 밤에 불을 밝히는 데
힘을 많이 쓰기 때문에 낮에는 나뭇잎이나
풀잎, 돌 밑 같은 곳에서 꼼짝 않고 쉬어.

늦반딧불이 암컷은 수컷과 달리 날개가
작게 줄어들어서 배가 다 드러났어.
그래서 꼭 애벌레처럼 보여. 땅 위에서
불을 밝혀 수컷을 불러.

우리나라에는 애반딧불이, 늦반딧불이, 꽃반딧불이, 운문산반딧불이, 북방반딧불이 5종이 살아.
애반딧불이 몸집이 가장 작고, 늦반딧불이 몸집이 가장 커. 꽃반딧불이 어른벌레만 꽁무니에서
빛이 안 나서 낮에 돌아다녀. 하지만 꽃반딧불이 애벌레는 희미한 빛을 내지.
다른 반딧불이는 모두 꽁무니에서 빛이 나.

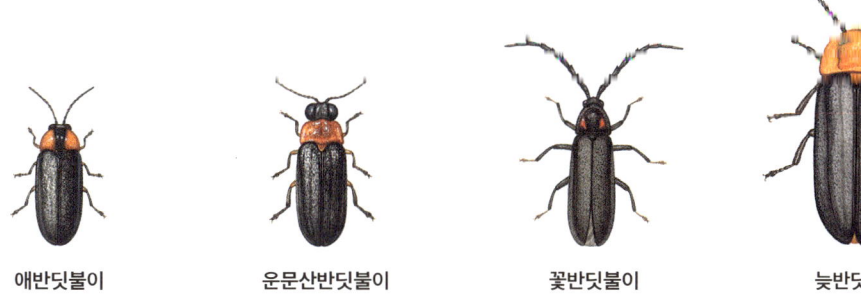

애반딧불이 운문산반딧불이 꽃반딧불이 늦반딧불이

애반딧불이 애벌레는 물속에 살면서
다슬기나 달팽이를 잡아먹어.
다른 반딧불이 애벌레는 땅 위에서 살지.

늦반딧불이 애벌레가 땅 위를 돌아다니다가
달팽이를 찾아내 잡아먹고 있어.

운문산반딧불이 애벌레가 땅 위를 돌아다니며
먹이를 찾고 있어.

공중제비를 도는 방아벌레 무리

방아벌레는 방아를 찧듯이 '딱' 소리를 내며 하늘로 튀어 올랐다가 떨어진다고
'방아'라는 이름이 붙었어. '똑딱' 소리가 난다고 '똑딱벌레'라고도 해.
방아벌레는 공중제비를 아주 잘 돌아. 자기 몸을 지키려고 그러는 거야.
이렇게 하늘로 튀어 오르면 방아벌레를 노리던 목숨앗이들이 깜짝 놀라 허둥대다가
방아벌레를 놓치기 일쑤지.

대유동방아벌레가
애기똥풀 위에 앉아서
쉬고 있어.

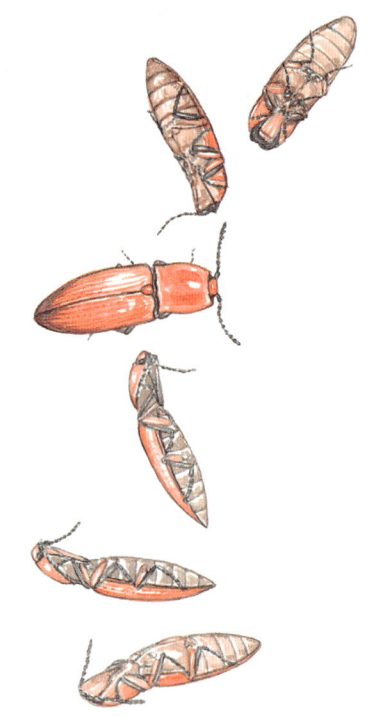

대유동방아벌레가 땅에 뚝 떨어져 배를 뒤집고
가만히 있어. 죽은 척하는 거야.

대유동방아벌레는 몸을 뒤로 젖히고 '딱' 소리를 내며
하늘로 튀어 올라. 몸을 비틀어 뒤집은 뒤
땅에 착 내려앉는 모습이 마치 체조 선수 같아.

방아벌레 애벌레는 땅속이나 나무껍질 밑,
썩은 나무 속에서 살아. 몸이 길고 매끈하고
단단해서 '철사벌레'라고도 해.
나무 속을 파고 다니며 하늘소 애벌레나
거저리 애벌레, 사슴벌레 애벌레 따위를 잡아먹어.

진홍색방아벌레가 썩은 나무 속에서 겨울을 나고 있어.

방아벌레는 우리나라에 100종쯤 살아.
산과 들판뿐만 아니라 바닷가 모래밭까지 여러 곳에서 볼 수 있어.
땅속이나 썩은 나무, 나무껍질 밑에서 살아. 나무줄기나 풀 위에도 잘 앉아 있어.
저마다 몸 크기와 입맛이 달라서 꽃가루나 꿀을 먹기도 하고, 진딧물 같은 작은 벌레를 잡아먹기도 해.

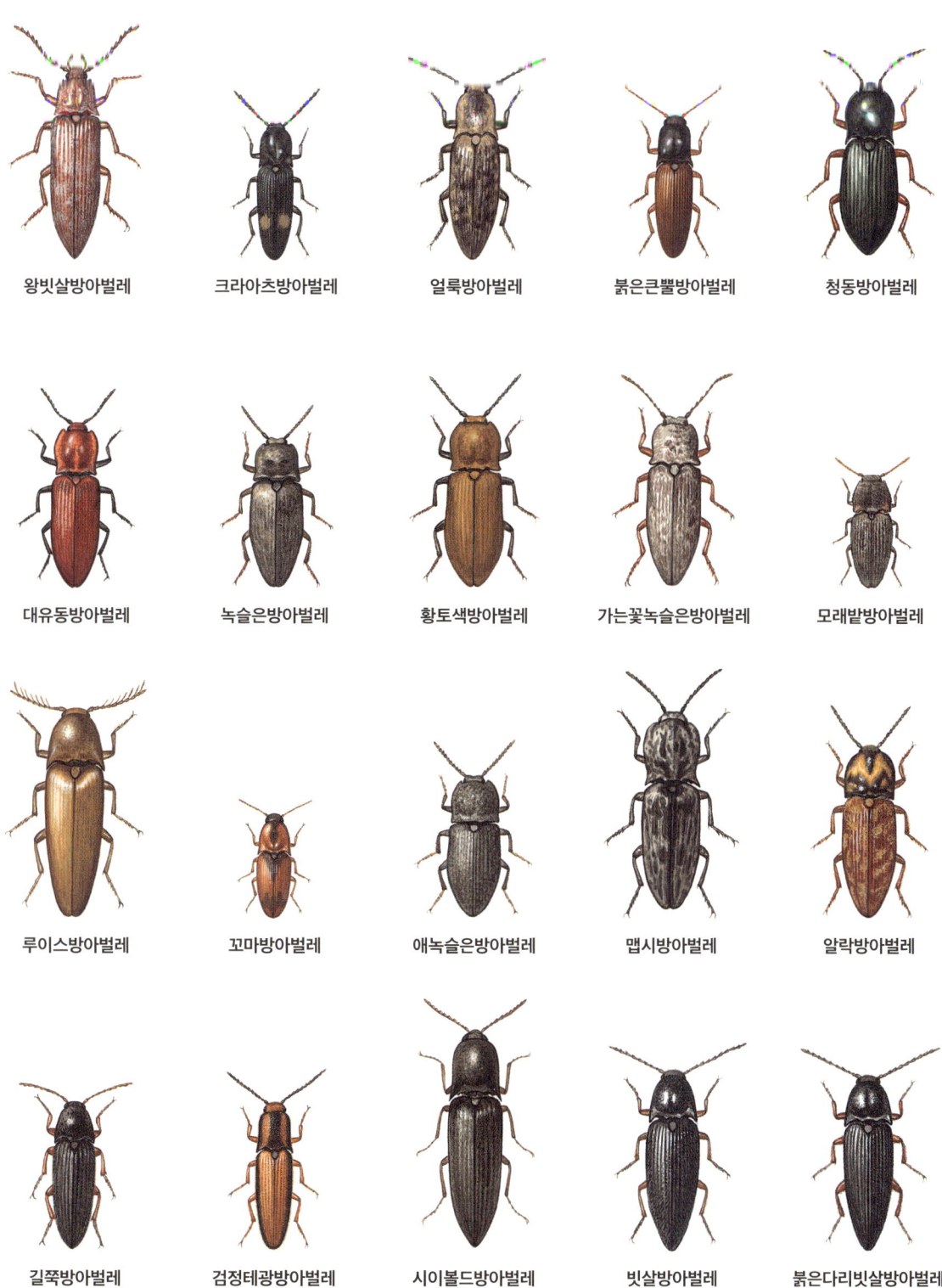

비단처럼 고운 비단벌레 무리

비단벌레는 이름처럼 몸빛이 아주 고와. 딱지날개가 구릿빛이나 풀빛, 파란빛, 붉은빛을 띠며 반짝거리지. 그래서 옛날 신라 사람들은 이 비단벌레를 '옥충'이라고 했대. 이 비단벌레를 잡아서 가구나 옷을 꾸미는 장신구로 쓰기도 했어.
비단벌레는 산에서 볼 수 있어. 낮에 나와 돌아다니는데, 살아 있는 넓은잎 식물이나 죽은 나무 둘레에서 많이 볼 수 있어. 짝짓기를 마친 암컷은 나무껍질이나 애벌레가 먹는 식물 둘레 땅속에 알을 낳지. 애벌레는 거의 모두 나무껍질 밑에 살면서 나무 안쪽을 갉아 먹어.

황녹색호리비단벌레가 칡잎을 갉아 먹고 있어.
비단벌레 어른벌레들은 모두 잎을 갉아 먹어.

고려비단벌레가 나무 기둥 틈에 알을 낳고 있어.

비단벌레가 풀 위에 올라가
짝짓기를 하고 있어.

비단벌레 애벌레는 나무 속에서 살아.
나무 속을 갉아 먹으며 자라다가
어른벌레가 되면 밖으로 나와.

비단벌레는 우리나라에 80종 넘게 살아.
비단벌레 무리는 따뜻한 날씨를 좋아해서
우리나라 남쪽으로 갈수록 여러 가지 비단벌레를 많이 볼 수 있어.

비단벌레    금테비단벌레    고려비단벌레 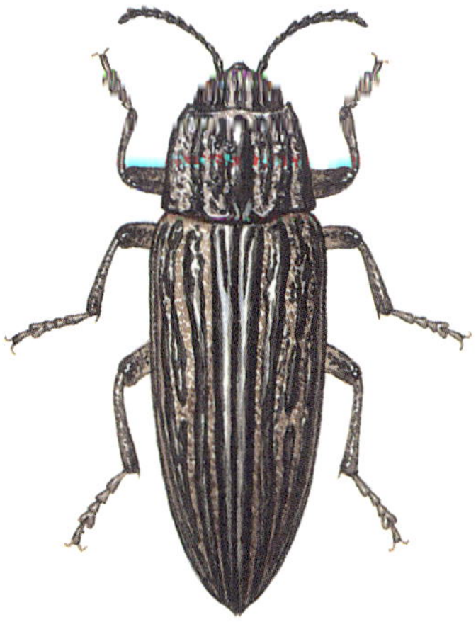   소나무비단벌레

황녹색호리비단벌레    모무늬호리비단벌레 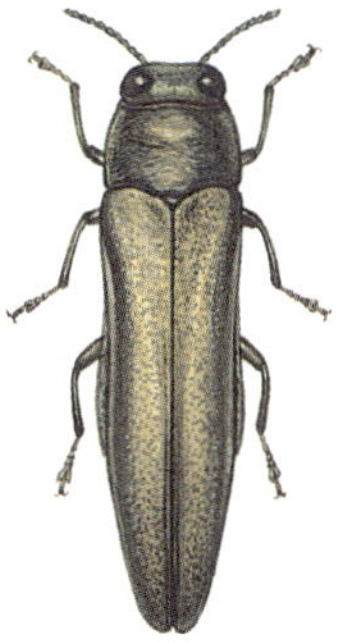   서울호리비단벌레    흰점호리비단벌레

버드나무좀비단벌레

아무르넓적비단벌레

배나무육점박이비단벌레

노랑무늬비단벌레

비단벌레 무리

아주 센 독이 있는 가뢰 무리

가뢰는 위험을 느끼면 몸에서 노란 물을 뿜는데, 이 물에는 아주 센 독이 들어 있어.
이 독물은 수컷한테서만 나와. 이 독 때문에 가뢰를 먹었다간 덩치 큰 소도 고꾸라지지.
이 독을 사람이 맨손으로 만지면 살갗이 부풀어 오르고 진물이 나.
암컷 몸에도 독이 있지만, 수컷처럼 독물을 내뿜지는 않아.

남가뢰가 꿩의바람꽃 잎을 갉아 먹고 있어. 가뢰는 풀 가운데 독이 있는 풀을 잘 갉아 먹어.

남가뢰가 짝짓기를 하고 있어.
이때 수컷 몸에 있는 독이 암컷에게 들어가.

청가뢰가 땅속에 알을 무더기로 낳고 있어.

남가뢰는 땅속에 알을 낳아. 알에서 나온 애벌레는 땅 위로 나와 가까이에 있는 풀 줄기를 타고 꼭대기까지 떼를 지어 올라가.

그러고는 꿀을 따러 날아오는 벌 몸에 붙어 벌집으로 가지.

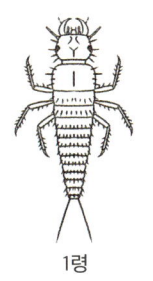   

| 1령 | 2~5령 | 6령 | 7령 |

남가뢰 애벌레는 여러 차례 허물을 벗고 번데기를 거쳐서 어른벌레가 돼.
애벌레는 허물을 벗을 때마다 생김새가 많이 달라져.
처음에는 좀처럼 생겼다가, 굼벵이처럼 생김새가 바뀌었다가, 번데기처럼 바뀌었다가, 다시 굼벵이처럼 생김새가 바뀌어.

가뢰는 날지 못하고 땅 위나 나뭇잎, 꽃 위를 기어다니면서 잎과 꽃과 줄기를 갉아 먹어. 우리나라에는 20종쯤 살아.

 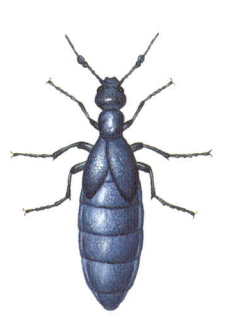 

줄먹가뢰 　 애남가뢰 　 둥글목남가뢰

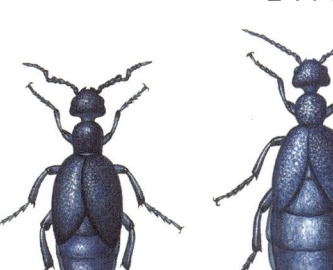  

수컷 　 암컷　　청가뢰　　황가뢰
　　남가뢰

가뢰처럼 독을 품은 홍반디 무리

홍반디도 몸에 독이 있어. 위험할 때 몸에서 쓴맛이 나는 독물이 나와.
몸 빛깔도 눈에 잘 띄는 빨간빛인데, 자기 몸에 독이 있다고 알리는 거야.
그래서 홍날개나 주홍하늘소처럼 홍반디를 닮은 딱정벌레들도 있어.
홍반디는 낮에 나와 돌아다녀.

고려홍반디가 짝짓기를 하고 있어.
위에 올라탄 수컷 더듬이가 빗살처럼 더 갈라졌어.

수염홍반디가 몸에서 독물을 내뿜고 있어.
이 독으로 자기 몸을 지켜.

큰홍반디가 딱지날개를 활짝 펼치고
날아가려 하고 있어.
딱지날개를 들어 올리면
얇은 속날개와 배가 보여.

홍반디 무리는 온 세계에 3,000종쯤 살아. 거의 열대 지방에서 살아.
우리나라에는 10종이 사는데 5종을 흔히 볼 수 있어.
생김새가 반딧불이를 닮았다고 '반디'라는 이름이 붙었지.
여름날 낮에 나뭇잎 위에 앉아 있는 모습을 볼 수 있어.

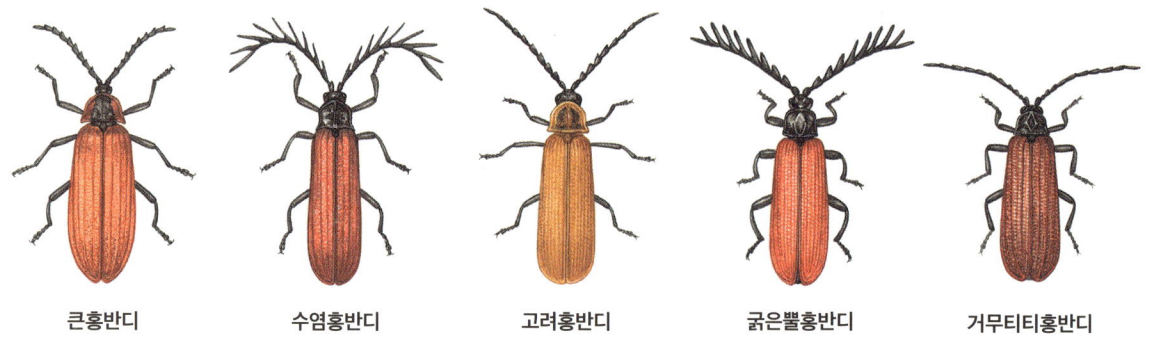

큰홍반디   수염홍반디   고려홍반디   굵은뿔홍반디   거무티티홍반디

홍반디를 닮은 홍날개 무리

홍날개는 독이 있는 홍반디를 닮았어.
독이 있는 홍반디를 흉내 내서 자기 몸에도 독이 있는 것처럼 속여.

홍날개 수컷은 가뢰 독을 얻어야
암컷과 짝짓기를 할 수 있어.
그래서 짝짓기 때가 되면 가뢰 몸에서
나오는 독물을 얻으려고 가뢰 몸에 잔뜩 달라붙어.
홍날개가 남가뢰 몸을 건드리면 남가뢰가 몸에서 독물을 뿜어내.
이때 독물을 얻어.

가뢰한테 독을 얻은 홍날개 수컷이
암컷을 만나 꽁무니를 맞대고
짝짓기하고 있어.

홍날개 애벌레는 죽은 나무 껍질 밑에서 살아.
애벌레는 썩은 나무나 나무에 핀 곰팡이 따위를 먹어.

홍날개 애벌레는 나무껍질 밑에서
살다가 번데기가 돼.

홍날개 무리는 온 세계에 200종쯤 살아.
우리나라에는 8종이 살고 있어.
나무줄기나 꽃에 붙어 있는
홍날개를 자주 볼 수 있어.

  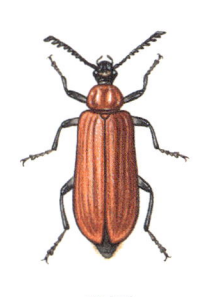

홍다리붙이홍날개   애홍날개   홍날개

날개가 반밖에 없는 반날개 무리

딱정벌레 가운데 딱지날개 반이 뚝 잘린 듯한 딱정벌레가 있어. 바로 '반날개'야.
반날개는 딱지날개가 반쯤밖에 없어서 배가 그대로 드러나.
하지만 작은 딱지날개 속에 속날개가 꼬깃꼬깃 접혀 있어서 잘 날아.
반날개는 물속을 빼고 어디에서나 살아. 땅 위를 이리저리 돌아다니면서 다른 벌레를 잡아먹고,
송장벌레처럼 죽은 동물이나 똥을 먹기도 해. 때로는 산속에 버린 음식물 쓰레기에도 꼬여.

홍딱지바수염반날개가 죽은 동물에
꼬인 구더기를 잡아먹고 있어.

홍딱지바수염반날개

청딱지개미반날개와 곳체개미반날개는 몸에서 독물이 나와.
이 독물이 사람 몸에 닿으면 불에 데인 것처럼 아파.
그래서 '화상벌레'라고도 해.

청딱지개미반날개   **곳체개미반날개**

반날개는 딱정벌레 가운데 바구미 무리 다음으로 수가 아주 많은 무리야.
우리나라에 500종이 넘게 살아. 0.5밀리미터밖에 안 되는 아주 작은 종부터
50밀리미터가 넘는 큰 종까지 몸집도 여러 가지고, 몸빛도 여러 가지야.

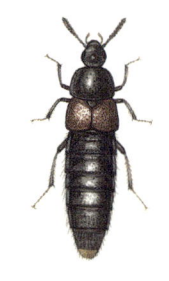    

홍딱지바수염반날개 **개미사돈** **투구반날개** **극동입치레반날개** **왕반날개**

이것저것 잘 갉아 먹는
나무좀, 수시렁이, 표본벌레, 쌀도적 무리

딱정벌레 가운데 나무 속이나 곡식, 심지어 옷이나 털가죽을 갉아 먹는 딱정벌레가 있어.
나무좀 무리는 나무 속에 살면서 굴을 파고 다니며 그 속을 갉아 먹어.
그래서 나무를 말라 죽게 할 때도 있어. 나무좀 무리는 크기노 삭고, 나무 속에 살아서 보기 힘들어.

소나무좀   소나무좀 색변이

소나무좀이 나무 속을 파먹은 모습이야. 이름처럼 소나무나 잣송, 잣나무 속에서 굴을 파고 살아.
나무 속을 세로로 먼저 갉아 굴을 낸 뒤에 가로로 여러 굴을 파고 그 끝에 알을 낳아.

홍띠수시렁이   굵은뿔수시렁이   사마귀수시렁이

수시렁이는 몸길이가 5밀리미터밖에 안 될 만큼 작은 것들이 많아.
몇몇 수시렁이는 죽은 동물이나 마른 생선, 새 깃털, 벌집, 사마귀 알집 심지어 사람이 입는 가죽옷이나
털가죽, 곡식, 동물 표본까지 갉아 먹어. 온 세계가 서로 물건을 사고팔면서 그 물건을 따라 다른 나라로 쉽게 옮겨 가.
옛날에는 좀이 명주나 면으로 된 옷을 갉아 먹어서 '좀 먹었다' 라고 했어.
하지만 지금은 가죽이나 나일론으로 된 옷이 많아져서 수시렁이나 표본벌레가 더 많아졌어.

동굴표본벌레   길쭉표본벌레   쌀도적

표본벌레도 마른 음식이나 갈무리한 곡식,
바닥에 깐 깔개나 카펫 따위를 갉아 먹어.

쌀도적 애벌레는 쌀바구미처럼
사람들이 갈무리한 곡식을 갉아 먹어.

글 김종현

여러 가지 글을 쓰고, 책을 기획하고, 편집하는 일을 하고 있습니다. 《세밀화로 그린 보리 어린이 바닷물고기 도감》, 《세밀화로 그린 보리 어린이 잠자리 도감》, 《세밀화로 그린 보리 어린이 나비 도감》, 《한반도 바닷물고기 세밀화 대도감》 같은 책을 편집했고, 《곡식 채소 나들이도감》, 《약초 도감-세밀화로 그린 보리 큰도감》, 《딱정벌레 도감-세밀화로 그린 보리 큰도감》에 글을 썼습니다. 또 만화책 《바다 아이 창대》, 옛이야기 책 《무서운 옛이야기》 《꾀보 바보 옛이야기》 《꿀단지 복단지 옛이야기》, 그림책 《무엇이 다를까?》 《누구 양말일까?》에 글을 썼습니다.

그림 옥영관

서울에서 태어났습니다. 어릴 때 살던 동네는 아직 개발이 되지 않아 둘레에 산과 들판이 많았답니다. 그 속에서 마음껏 뛰어놀면서 늘 여러 가지 생물에 호기심을 가지고 자랐습니다. 홍익대학교 미술대학과 대학원에서 회화를 공부하고 작품 활동과 전시회를 여러 번 열었습니다. 또 8년 동안 방송국 애니메이션 동화를 그리기도 했습니다. 2012년부터 딱정벌레를 시작으로 세밀화 도감에 들어갈 그림을 그리고 있습니다. 《세밀화로 그린 보리 어린이 잠자리 도감》, 《잠자리 나들이 도감》, 《세밀화로 그린 보리 어린이 나비 도감》, 《나비 나들이 도감》, 《나비 도감-세밀화로 그린 보리 큰도감》, 《세밀화로 보는 정부희 선생님 곤충 교실》(5권), 《딱정벌레 도감-세밀화로 그린 보리 큰도감》에 그림을 그렸습니다.

감수 강태화

한서대학교 생물학과를 졸업하고, 성신여자대학교 생물학과 대학원에서 〈한국산 병대벌레과(딱정벌레목)에 대한 계통분류학적 연구〉로 박사 학위를 받았습니다. 지금은 전남생물산업진흥원 친환경농생명연구센터에서 곤충을 연구하고 있습니다.

곤충 대장
딱정벌레

2024년 2월 15일 1판 1쇄 펴냄 | 2024년 11월 14일 1판 3쇄 펴냄

글 김종현 | **그림** 옥영관 | **감수** 강태화
식물 세밀화 장순일, 윤은주 | **동물 흔적 삽화** 문병두
기획·편집 김종현
편집부 김누리, 김성재, 이경희, 임헌, 전소현
디자인 오혜진 | **제작** 심준엽 | **영업마케팅** 김현정, 심규완, 양병희 | **영업관리** 안명선
새사업부 조서연 | **경영지원실** 노명아, 신종호, 차수민
분해와 인쇄 (주)로얄프로세스 | **제본** (주)상지사 P&B

펴낸이 유문숙 | **펴낸 곳** (주)도서출판 보리 | **출판등록** 1991년 8월 6일 제9-279호
주소 (10881) 경기도 파주시 직지길 492 | **전화** 031-955-3535 | **전송** 031-950-9501
누리집 www.boribook.com | **전자우편** bori@boribook.com

ⓒ 옥영관, 김종현, 보리, 2024

이 책의 내용을 쓰고자 할 때는, 저작권자와 출판사의 허락을 받아야 합니다.
잘못된 책은 바꾸어 드립니다.
값 20,000원

보리는 나무 한 그루를 베어 낼 가치가 있는지 생각하며 책을 만듭니다.

ISBN 979-11-6314-347-5 (77470)

제품명 : 도서 제조자명 : (주) 도서출판 보리 주소 : (10881) 경기도 파주시 직지길 492 전화번호 : (031) 955-3535
제조년월 : 2024년 11월 제조국 : 대한민국 사용연령 : 7세 이상 주의사항 : 책의 모서리가 날카로우니 다치지 않게 주의하세요.
KC 마크는 이 제품이 공통안전기준에 적합하였음을 의미합니다.